历史与信仰

张城 著

"六经皆史"
与马克思主义中国化

社会科学文献出版社
SOCIAL SCIENCES ACADEMIC PRESS (CHINA)

数千年来，中华民族走着一条不同于其他国家和民族的文明发展道路。我们开辟中国特色社会主义道路不是偶然的，是由中国历史传承和文化传统决定的。早在延安时期，中共中央文件即鲜明强调："中国共产党人是我们民族一切文化、思想、道德的最优秀传统的继承者，把这一切优秀传统看成和自己血肉相连的东西，而且将继续加以发扬光大。中国共产党近年来所进行的反主观主义、反宗派主义、反党八股的整风运动就是要使得马克思列宁主义这一革命科学更进一步地和中国革命实践、中国历史、中国文化深相结合起来。"① 中国共产党诞生于中华民族危难之际，从中国社会土壤中生长起来，与这个民族血肉相连。革命不能输出，亦不能输入，而只能由每个民族内部的发展所引起。1943年7月1日的《解放日报》社论明确指出："中国共产党，就是这样顺天应人产生出来的。中国共产党的产生，既非

---

① 《中共中央关于共产国际执委主席团提议解散共产国际的决定》（1943年5月26日），中共中央文献研究室、中央档案馆编《建党以来重要文献选编》第20册，中央文献出版社，2011，第318—319页。

'外来的'，也不是几个人凭空制造出来的。它的所以发生，所以发展，所以没有人能把它取消得掉，那是因为中华民族的历史发展要求有这样一个政党。"① 中国共产党是中华民族历史文化传统内生性演化之结晶，承继了中华民族最基本的文化基因，与生俱来有着鲜明的中华文明特质。

中国共产党之所以能取得革命胜利，关键即在于能够理论联系实际，成功摆脱教条主义影响，使马克思主义植根于中华大地并不断从中汲取营养，实现了马克思主义中国化的历史性飞跃，其集中之体现即毛泽东思想。就在"文化大革命"结束后不久，从延安时期起就担任毛泽东秘书的胡乔木作了如下深刻的反思："中国是东方大国，有自己本民族的悠久的文化。要不要把马克思主义中国化，怎样在中国实践马克思主义，发展马克思主义，怎样在发展中把中国的历史文化与马克思主义有机地结合起来，增加新的内容，使之发展，作出贡献，确实是个问题。这就涉及对中国文化怎样分析。不能把中国

---

① 《中国共产党与中华民族——为中共二十二周年纪念而作》(1943 年 7 月 1 日《解放日报》社论)，《建党以来重要文献选编》第 20 册，第 372 页。艾思奇曾指出："马克思主义之所以能够中国化，是由于中国自己本身早已产生了马克思主义的实际行动，中国的马克思主义是在自己的社会经济发展中有它的基础，是在自己内部有着根源，决不如一般的表面观察，说这是纯粹外来的。中国的无产阶级有极高度的组织性和觉悟性，有它的强大的党、有近二十年的战争的经验，有在民族民主革命中的模范的战争成绩。因此，也就有着中国的马克思主义。"见《艾思奇文集》第 1 卷，人民出版社，1981，第 484 页。日本思想史家沟口雄三亦曾言："社会主义的土壤在中国，作为民间的社会机制，生活伦理以及政治上的统治理念本来就是存在的。……社会主义机制对于中国来讲，它不是什么外来的东西，而是土生土长之物；马克思主义不过是在使这些土生土长之物得以理论化的过程中，或在所谓阶级斗争理论指导下进行革命实践的过程中，起了极大刺激作用的媒介而已。"见〔日〕沟口雄三《中国的冲击》，王瑞根译，三联书店，2011，第 124 页。

传统文化一概说成封建主义的。有些文化是有阶级背景的，有些则不受或不直接受阶级利益支配。中国文化在中国革命中发挥了很大作用。中国为什么能接受马克思主义？我们很需要认真研究，答复这个问题。……中国历史的发展有很长的时间。中国历史文化与马克思主义结合，有哪些特色？究竟在哪些问题上结合了？还要研究。……我能提出的问题，并不是我能答复的问题。……今后在我们的写作、研究中会碰到这些问题，如果没有一定的见解，就很难写好党史。"① 社会学家费孝通晚年与人谈话时亦曾言："马克思主义进来后变成毛泽东思想，毛泽东思想后来又发展成了邓小平理论，这背后有中国文化的特点在起作用。可是这些文化特点是什么，怎么在起作用，我们却说不清楚。我觉得，研究文化的人应该注意这个问题，应该答复这个问题。"② 因此，无论胡乔木还是费孝通，在经过漫长革命进程后，他们都深刻意识到了一个关乎中国革命之重大问题，即毛泽东思想与中国历史文化之关系问题，亦即马克思主义如何中国化之问题。对于影响马克思主义中国化的历史文化特点，亟须我们深入中国思想史发展脉络之深处，以悠久厚重的经史传统为底蕴，以经史关系方法论为视角，探赜索隐。

---

① 《党史研究中的两个重要理论问题》，《胡乔木传》编写组编《胡乔木谈中共党史》，人民出版社，2015，第230—232页。

② 《中国文化与新世纪的社会学人类学——费孝通、李亦园对话录》，费孝通：《文化与文化自觉》，群言出版社，2010，第235页。

目 录 Contents

引言：一脉相承的经史问题意识

清代中叶，面对经学训诂考证学的兴起与挑战，著名文史学者章学诚提出了"六经皆史"论，这是其历史哲学之核心。章学诚意图从重建经史关系之视角，修正儒生"六经为载道之书"的历史成规与理论偏见，力图为"史"正名，同时给予"经"应有之地位。文史大家章太炎承继了其浙东同姓前辈的"六经皆史"论，并异常兴奋地宣称"百年前有个章学诚，说'六经皆史'，意见就说六经都是历史，这句话，真是拨云雾见青天"，[①] 对此经史关系之新论甚是服膺，甚为推崇。无独有偶，出身北京大学国学门的史学大家范文澜，曾师从章太炎高足黄侃研习国学，有着深厚的经史之学功底，且深受章太炎经史观之影响。他对章学诚"六经皆史"论亦有批判继承，明确指出："章学诚说'六经皆史'，这是很对的。因为六经正是专官们保存了些文化记录流传下来被尊为经典，当初既没有经的名号，也没有特别贵重的意义。"[②]

---

① 《经的大意》，《章太炎全集》第14卷《演讲集》（上），上海人民出版社，2015，第99页。
② 《中国经学史的演变》，《范文澜历史论文选集》，中国社会科学出版社，1979，第269页。

众所周知，延安时期中国共产党开展了举世瞩目并影响深远的"整风运动"。其核心问题意识，实际上即是处理中共党内的"经史关系"，即马克思主义经典理论（经）与中国历史实践（史）之关系。而就在此时，1940 年刚到延安的范文澜在新哲学年会上，连续三次作了关于中国经史关系的演讲，一时间轰动小城学界，影响颇大。毛泽东亲临前两次演讲，并阅读了第三次演讲提纲，对其颇为重视，当即去信给予高度肯定："文澜同志：提纲读了，十分高兴，倘能写出来，必有大益，因为用马克思主义清算经学这是头一次，因为目前大地主大资产阶级的复古反动十分猖獗，目前思想斗争的第一任务就是反对这种反动。你的历史学工作继续下去，对这一斗争必有大的影响。第三次讲演因病没有听到，不知对康、梁、章、胡的错误一面有所批判否？不知涉及廖平、吴虞、叶德辉等人否？越对这些近人有所批判，越能在学术界发生影响。我对历史完全无研究，倘能因你的研究学得一点，深为幸事。"[1] 由此颇具思想底蕴的亲笔信可见：一方面，毛泽东十分关注国民党当局力倡的尊孔读经复古运动，对此比较警惕，亦颇感棘手，迫切希望党内能有人以马克思主义的立场、观点、方法予以及时批判清算；另一方面，毛泽东十分重视中国传统经学问题，对清末民初以来中国经学史上的重要代表人物甚为熟稔，张口即来。由此，范文澜这位初抵延安的史学秀才便被毛泽东看重，命其组织力量编撰一部供干部学习用的通俗中国历史读本。范文澜不负重托，从 1940 年 8 月至 1941 年 5 月，经过 9 个月的努力，《中国通

---

[1] 《关于经学问题给范文澜的信》，《毛泽东文集》第 2 卷，人民出版社，1993，第 296 页。

史简编》上册公开出版。对此，毛泽东给予高度评价："我们党在延安又做了一件大事。说我们共产党人对于自己国家几千年的历史，不仅有我们的看法，而且写出了一部系统的完整的中国通史。这表明我们中国共产党对于自己国家几千年的历史有了发言权，也拿出了科学的著作了。"①

近代中西遭遇以来，面对西方列强坚船利炮的不断袭扰，天朝上国节节败退，中国人逐渐丧失文化自信。在向西方学习的过程中，先进的中国知识分子最急迫的期望就是从传统"一治一乱"的循环史观，甚至是向往"三代"的退化史观中走出来，努力向西方寻找重建史观、重塑自信的思想资源。基辛格在《论中国》一书中即指出了中西传统历史观的这种巨大差异："西方人认为，历史是走向近代化的过程，是战胜邪恶与落后的过程。而中国人的历史观强调的是衰弱与复兴的周期，在这一过程中，人可以认识自然与世界，却不能完全主宰，最佳结果是与之融为一体。"②虽然身处西北小城延安，熟读经史的毛泽东胸中却装着整个天下，深知重建史观是赢得中国革命胜利之关键。在他看来，中国共产党人无论是对西方传入的马克思主义，或中国数千年之历史文化传统，还是对当前的中国革命实践，都必须在理论上给出令人信服的准确阐释，而其关键就在于史观之重建。深受

① 佟冬：《我的历史》，晋阳学刊编辑部编《中国当代社会科学家传略》第4辑，书目文献出版社，1983，第84页。据荣孟源回忆："虽然用马列主义撰写中国历史，并非从范文澜同志开始，也不只范文澜同志一人，但他是最早完成的。上册出版时，毛泽东同志非常称许，还特意请范文澜同志吃了一顿饭。"见荣孟源《范文澜同志在延安》，温济泽等编《延安中央研究院回忆录》，中国社会科学出版社，1984，第181页。

② 〔美〕亨利·基辛格：《论中国》，胡利平、林华、杨韵琴、朱敬文译，中信出版集团，2015，第25页。

实证主义史学和中国传统文献学影响的以傅斯年、蒋廷黻、陈恭禄等
为代表的史学家，认为史学研究的基础和关键首先在于搜集和甄别考
察历史资料，对于史观问题并不是太重视。傅斯年即认为："近代的
历史学只是史料学，利用自然科学供给我们的一切工具，整理一切可
逢着的史料。"① 他们要求在研究历史材料时避免任何主观偏见和政治
立场，作为实证研究的历史学必须与任何意识形态脱钩，要立足于历
史事实进行客观的研究和判断。这些史学家并不注重历史事实背后的
历史哲学即史观之建构。与此相反，中国共产党的史学家甚为注重史
观问题，面对近代中国的严重危机，深知历史研究特别是中国近代史
研究必须将民族危亡和国家富强作为核心议题，在基本问题上实质都
会关涉史观问题之建构。中共创始人之一李大钊在《史学要论》中即
言："史学家应否有一个一定的历史观，言人人殊。或谓史家宜虚怀
若谷，以冷空的智慧，观察史实，不宜预存一先入为主的历史观。此
言殊未尽然，史实纷纭，浩如烟海，倘治史实者不有一个合理的历史
观供其依据，那真是一部十七史，将从何处说起？必且治丝益棼，茫
无头绪。而况历史观的构成，半由于学问智识的陶养，半由于其人的
环境与气质的趋倾，无论何人，总于不知不觉之中，有他的历史观在
那里存在。夫历史观乃解析史实的公分母，其于认事实的价值，寻绎
其相互连锁的关系，施行大量的综合，实为必要的主观的要因。然则
史学家而有一种历史观，其事非概可指斥，不过要提防着过于偏执的
或误谬的历史观就是了。然则历史观果何由而成呢？这固然与其人的

① 《历史语言研究所工作之旨趣》，欧阳哲生主编《傅斯年全集》第3卷，湖南教育出版
社，2003，第3页。

气质，癖性，所处的境遇，所遭的时势有关，而过去或当代的哲学思想，直接间接有以陶融而感化他的力量，亦不在少。然则哲学实为可以指导史的研究、决定其一般倾向的历史观的一个主要的渊源。"① 李大钊明确批评了那种所谓无立场的看似不偏不倚、客观中立之史学，特别强调研究历史需要有一个通贯的历史观。对此，范文澜亦深有感触："一般学习历史的人，特别是做'纯学术'的人，往往以为学历史无须学哲学。……如果不能认真学习辩证唯物主义和历史唯物主义，那末，必然解脱不了实用主义和一切其他资产阶级哲学的枷锁，也就是永远不能不做它们的奴隶。"② 如果没有一套系统成熟的史观贯穿其中，历史就是一堆杂乱无章之史料而已。由此可知，历史哲学亦即历史观，乃史学之理论基础。面对中共党内严重的教条主义倾向和国民党掀起的尊孔读经复古主义的严峻挑战，毛泽东到延安后不久，即开始系统思考中国共产党人的历史观，要为中共党史、中国近代史、中华民族史、中华文明史构建起一套立基于唯物史观，符合国情实际的科学的历史叙事。正如有学者所言："共产党成功的一个极为重要的原因就是重新建立了史观，把马克思主义的唯物史观套在中国这个龙的身上。……国共两党之争成败的原因有很多，其中很重要的一个原因是，共产党建立了意识形态的制高点。它不是一般意义上的制高点，

---

① 《史学要论》，《李大钊全集》第 4 卷，人民出版社，2013，第 556 页。
② 《看看胡适的"历史的态度"和"科学的方法"》，《范文澜历史论文选集》，第 263 页。梁启超在《新史学》中亦曾言："善为史者，必研究人群进化之现象，而求其公理公例之所在，于是有所谓历史哲学者出焉。历史与历史哲学虽殊科，要之，苟无哲学之理想者，必不能为良史，有断然也。"见《新史学》，《梁启超全集》第 2 册，中国人民大学出版社，2018，第 504 页。

而是一个新的史观。因为有这个史观，毛泽东就可以引领这个民族一步一步往社会主义的方向走，所以他执政就非常有自信，认为真理在自己手里。"①正因有了如范文澜这样既受过传统经史训练、有着深厚经史功底，又经革命实践淬炼、真诚服膺马克思主义唯物史观的史学家之援助，毛泽东在处理党内的"经史关系"问题即马克思主义之"经"与中国革命实践之"史"的关系时，便得心应手、运用自如，为中国共产党人成功建构了一套中国革命的历史合法性叙事（这套叙事与传统循环史观、退化史观的明显区别，即它是一套基于独立、解放、统一、民主、富强和复兴的面向未来的历史叙事），占领了意识形态和道义制高点，并很快使处于彷徨迷茫的中国人特别是知识分子获得了新的思想武器，由此新的"天意"即历史发展规律被中国共产党人掌握，进而带领人民成功实现了百余年来的革命建国夙愿。

---

① 《百年复兴：中国共产党的时代叙事与历史使命——专访曹锦清》，玛雅：《中国道路与中国学派》，中信出版集团，2016，第269页。

第一章

"六经皆史"

——章学诚的经史观

清代中叶，著名文史学者章学诚明确提出了"六经皆史"论。仅就"经即史"而言，此论并非章学诚首创，前人早已有所涉及与论述。最早可追溯至《庄子·天运》中老子所言："夫六经，先王之陈迹也，岂其所以迹哉？今子之所言，犹迹也；夫迹，履之所出，而迹岂履哉？"这里所谓之"迹"，即是古圣先王治国理政之史迹，六经非道之"履"本身，而只是史之迹而已，"六经皆史"之意已内蕴其中。隋代王通则首次明确提出"以经为史"之论断："圣人述史三焉：其述《书》也，帝王之制备矣，故索焉而皆获；其述《诗》也，兴衰之由显，故究焉而皆得；其述《春秋》也，邪正之迹明，故考焉而皆当。此三者同出于史而不可杂也，故圣人分焉。"[①] 在王通看来，六经

---

① 　王通：《文中子·中说》卷一《王道》，上海古籍出版社，1989。文史大家钱锺书则认为六经皆史肇端于道家："《庄子·天运》篇记老子曰：'夫六经，先王之陈迹也，岂其所以迹哉'；《天道》篇记，桓公读圣人之书，轮扁谓书乃古人糟粕，道之精微，不可得传；《三国志·荀彧传》注引何劭为《荀粲传》，记粲谓：'孔子言性与天道，不可得闻，六籍虽存，固圣人之糠秕'云云。是则以六经为存迹之书，乃道家之常言，六经皆史之旨，实肇端于此。"钱锺书：《谈艺录》，中华书局，1984，第 266 页。历史学家周予同认为："古代'经'、'史'不分，隋朝王通也不能说是'以经为史'的最早者。如果上溯的话，孔子即曾说过：《春秋》其文则史，其义则丘窃取之矣！'那么，孔子就是以《春秋》为史了。"见朱维铮编《周予同经学史论著选集》，上海人民出版社，1983，第 716 页。有学者亦认为："先秦道家和孔子的'以经为史'，是经史未分时代的一种说法，与经史已分时代的隋朝王通的'三经亦史'说及其以后的'五经亦史'、'六经皆史'说所谈论的经史关系还不是一个概念。"见汪高鑫《中国史学思想通论·经史关系论卷》，福建人民出版社，2011，第 40 页。

010 I 历史与信仰："六经皆史"与马克思主义中国化

之中的《书》《诗》《春秋》同出于史，三经亦即是史。至唐代史家刘知幾把之前列于经部的《尚书》《春秋》归入史书，在其《史通·六家》中明确提出："自古帝王编述文籍，外篇言之备矣。古往今来，质文递变，诸史之作，不恒厥体。榷而为论，其流有六：一曰《尚书》家，二曰《春秋》家，三曰《左传》家，四曰《国语》家，五曰《史记》家，六曰《汉书》家。"有唐一代修订五经，经之地位可谓盛极一时。即便如此，刘知幾虽未明确提出经即史，但仍据其学识将《尚书》《春秋》视为史之源流。北宋时期颇受司马光赏识进而参与史学巨著《资治通鉴》编写的学者刘恕，亦曾提出经即史之论断："古有史而无经，《尚书》《春秋》皆史也；《诗》《易》者，先王所传之言；《礼》者，先王所立之法，皆史也。"① 刘恕虽有五经即史之论述，但并未作更为深入的具体论证。元初学者郝经在《经史论》中提出："古无经史之分。孔子定六经，而经之名始立，未始有史之分也。六经自有史耳，故《易》即史之理也；《书》，史之辞也；《诗》，史之政也；《春秋》，史之断也；《礼》《乐》，经纬于其间矣，何有于异哉！至于司马迁父子为《史记》，而经史始分矣。其后遂有经学、有史学，学者始二矣。"② 由此可见，郝经提出"六经自有史耳"，虽未明确提出论题，但"六经皆史"已呼之欲出。其中影响颇大、最具代表性的当为明代大儒王阳明所言："以事言谓之史，以道言谓之经。事即道，道即事。《春秋》亦经，五经亦史。《易》是包牺氏之史，《书》是尧、舜以下史，《礼》、《乐》是三代史。其事同，其道同。安有所谓异？"

---

① 刘恕：《资治通鉴外纪序》，《资治通鉴外纪》，文渊阁《四库全书》本。
② 郝经：《经史》，《陵川集》第 3 册，山西古籍出版社，2006，第 672 页。

又曰:"五经亦只是史。史以明善恶,示训戒。善可为训者,时存其迹以示法;恶可为戒者,存其戒而削其事以杜奸。"① 由此可见王阳明关于经史关系之基本判断,不仅明确提出"五经亦史"之命题,还从道事经史之高度作了深入系统之论证,由经而史,史中有道,"明善恶,示训戒"。明代文史大家王世贞认为:"盈天地间无非史而已。三皇之世,若泯若没;五帝之世,若存若亡。噫!史岂可以已邪!六经,史之言理者也。"② 王世贞提出的"盈天地间无非史而已"与章学诚所言的"盈天地间皆史也"可谓如出一辙,尤其"六经,史之言理者也",已有"六经皆史"之意。明末思想家李贽更明确提出"六经皆史"之论:"经、史一物也。史而不经,则为秽史矣,何以垂戒监乎?经而不史,则为说白话矣,何以彰事实乎?故《春秋》一经,春秋一时之史也。《诗经》《书经》,二帝三王以来之史也。而《易经》则又示人以经之所自出,史之所以来,为道屡迁,变易匪常,不可以一定执也。故谓《六经》皆史可也。"③ 李贽明确提出"六经皆史"之论断,这在中国学术思想史上可谓首次,比章学诚早百年,但只是一提法而已,李贽并未加以具体系统阐述。当然,无论王阳明的"五经亦史"抑或李贽的"六经皆史",虽已明确提及经史之间的辩证互动关系,但都只是蜻蜓点水,未成体系。直至浙东史学殿军章学诚,"六经皆史"之专论应时而生,自成系统,赋予了经史关系之新内涵。正如周予同所言:"王通以后,提到'经'、'史'关系的,还有南宋陈傅良,明

---

① 王阳明:《传习录》,上海古籍出版社,2011,第 11 页。
② 罗仲鼎校注《艺苑卮言校注》卷一,齐鲁书社,1992,第 32 页。
③ 《焚书》卷五《经史相为表里》,《李贽文集》,北京燕山出版社,1998,第 258 页。

宋濂、王守仁和李贽，但他们说得都较简单，有的只是偶尔涉及，并未构成一种系统学说。直到章学诚'六经皆史'，才真正成为一种系统学说，有其'经世'理论。因此，他的'六经皆史说'显然是附有新的涵义的。"①

任何具有深远历史影响的思想学说之创立，并非无缘无故，而是渊源有自。如果我们能重回历史现场，深入活生生的思想史脉络，即会发现章学诚所提的"六经皆史"论亦是如此，并非拾人牙慧，而是有其深切的时代关怀与忧思。章学诚身处乾嘉考据学兴盛之时，面对乾嘉经学考证注重字义、名物与制度的严峻挑战，特别是由清初顾炎武至其同时代戴震一脉相承的"经学即理学"命题，认为六经乃载道之书，道毕具于六经，而载六经之文字及典章制度已非后人能识解，须借助于训诂考证。戴震曾自述："仆自十七岁时有志闻道，谓非求之六经孔孟不得，非从事于字义、制度、名物，无由能通其语言。宋儒讥训诂之学，轻语言文字，是欲渡江河而弃舟楫，欲登高而无阶梯也。为之卅余年，灼然知古今治乱之源在是。"② 这即乾嘉考据学之核心观点，可谓当世之显学，影响颇大。而章学诚"六经皆史"论之所破所立，正基于此。正如汪晖所言："章学诚与经学家们的根本分歧不在义理与考据的关系，而在六经的位置：在经学家，道自六经出，非由文字训诂而不得门径；在章学诚，六经不足以尽道，他试图在史的范畴中另觅义理的途径。"③ 欲与此根深蒂

---

① 《章学诚"六经皆史说"初探》，朱维铮编《周予同经学史论著选集》，第718页。
② 《与段若膺论理书》，《戴震全集》第1册，清华大学出版社，1991，第213页。
③ 汪晖：《现代中国思想的兴起》第一部上卷，三联书店，2015，第459页。

固之"经学即理学"命题针锋相对，章学诚必须自立一套从本体到方法的更为集中彻底之经史理论，"六经皆史"论应运而生。日本学者岛田虔次高度评价"六经皆史"论之重要地位，视其为可与孔子的"仁"、孟子的"性善"……清朝考证学的"实事求是"相提并论的"中国学术史上最著名的口号之一"。① 李泽厚亦认为"章学诚'六经皆史'的著名命题……承续和在新条件下发扬了中国哲学的历史意识的古老传统"。② 余英时则更将其称为清代学术史上的突破性创见。③

一　"六经皆史"：章学诚之经史观

"六经皆史"乃章学诚经史关系论之基本理论。"古无经史之别，六艺皆掌之史官，不特《尚书》与《春秋》也。……若六艺本书，即是诸史根源，岂可离哉！"④ 但要想进一步准确理解与把握章学诚之经史观，则必须先释经史本身之义。那么，在章学诚的视域中，何为经，何又为史？

何为经？许慎《说文解字》言：经，织也。即指从丝为经，衡丝为纬，凡织，经静而纬动。段玉裁《说文解字注》进一步作了训

① 〔日〕岛田虔次：《六经皆史说》，刘俊文编《日本学者研究中国史论著选译》第7卷《思想宗教》，中华书局，1987，第184页。
② 李泽厚：《中国古代思想史论》，天津社会科学院出版社，2003，第276页。
③ 见余英时《"六经皆史"说发微》，《论戴震与章学诚》，三联书店，2012，第52、61页。
④ 章学诚：《论修史籍考要略》，仓修良编注《文史通义新编新注》，商务印书馆，2017，第433页。

解："织之从丝谓之经。必先有经而后有纬。是故三纲五常六艺谓之天地之常经。"经者，常也。即训常道，指常行的义理、准则。而在三代之后，拟经、僭经之事屡出不穷，章学诚痛心疾首，力图针砭时弊为经正名。章学诚对何为经作了独特之训解："异学称经以抗六艺，愚也；儒者僭经以拟六艺，妄也。六经初不为尊称，义取经纶为世法耳，六艺皆周公之政典，故立为经。"[①] 他认为经本身并非尊称，经之兴起，并非要尊经显经，而是势之不得不然。三代之衰，治教既分，夫子忧道之不传，乃取周公之典章，体天人之撰而存治化之迹，次第编为六艺，与众徒相与而申明之，但夫子之时六艺亦不称经。在章学诚看来，尊经一方面是因传而始有经。"六经不言经，三传不言传，犹人各有我而不容我其我也。依经而有传，对人而有我，是经传人我之名，起于势之不得已，而非其质本尔也。"[②] 另一方面乃因诸子之兴而尊经。官师既分，处士横议，私家之言脱离典章政教纷然而起，"儒家者流乃尊六艺而奉以为经，则又不独对传为名也。……六经之名起于孔门弟子亦明矣"。[③] "以意尊之，则可以意僭之。"[④] 经者既非尊称，那在章学诚看来经之本义为何？"《易》曰：云雷屯，君子以经纶。'经纶之言，纲纪世宙之谓也。"[⑤] 经纶之本义乃谓"整理蚕丝"，引申为治国理政之意。这即是其所言"纲纪世宙之谓"。显然，章学诚这样定义经，乃是与"夫六经，皆先王得

---

① 章学诚：《经解下》，《文史通义》，上海古籍出版社，2008，第30页。
② 章学诚：《经解上》，《文史通义》，第26页。
③ 章学诚：《经解上》，《文史通义》，第27页。
④ 章学诚：《经解下》，《文史通义》，第29页。
⑤ 章学诚：《经解上》，《文史通义》，第26页。

位行道，经纬世宙之迹，而非托于空言"之宗旨一脉相承，①六经之迹可依可循，重实践而轻空言。

何为史？章学诚曾言："盖韩子之学，宗经而不宗史，经之流变必入于史，又韩子之所未喻也。"②批评韩愈知经而不懂史。章学诚一生对史学有极大之抱负："吾于史学，盖有天授，自信发凡起例，多为后世开山，而人乃拟吾于刘知幾。不知刘言史法，吾言史意；刘议馆局纂修，吾议一家著述；截然两途，不相入也。……史学义例，校雠心法，则皆前人从未言及，亦未有可以标著之名。"③由此可见，其不屑于与唐代大史学家刘知幾相提并论，认为对于史学义例、校雠心法自有独创，可知其胸中抱负。而对当时名噪一时的经学大师戴震，章学诚认为其不谙史学却又盛气凌人："戴君经术淹贯，名久著于公卿间，而不解史学。闻余言史事，辄盛气凌之。"④正如余英时所言："'六经皆史'之说，实为针对东原'道在六经'的基本假定而发。"⑤而章学诚所言之史学，非经史子集四部之史部。他说："愚之所见，以为盈天地之间，凡涉著作之林，皆是史学，六经特圣人取此六种之史以垂训者耳。子集诸家，其源皆出于史，末流忘所自出，自生分别，故于天地之间，别为一种不可收拾、不可部次之物，不得不分四种门户矣。"⑥此处所言史学非今日之历史学，仅指史料耳。他

---

① 章学诚：《易教上》，《文史通义》，第 3 页。
② 章学诚：《与汪龙庄书》，仓修良编注《文史通义新编新注》，第 694 页。
③ 章学诚：《家书二》，仓修良编注《文史通义新编新注》，第 818 页。
④ 章学诚：《记与戴东原论修志》，《文史通义》，第 295 页。
⑤ 余英时：《"六经皆史"说发微》，《论戴震与章学诚》，第 59 页。
⑥ 章学诚：《报孙渊如书》，仓修良编注《文史通义新编新注》，第 722 页。

进一步指出:"整辑排比,谓之史纂;参互搜讨,谓之史考,皆非史学。"[①] "世士以博稽言史,则史考也;以文笔言史,则史选也;以故实言史,则史纂也;以议论言史,则史评也;以体裁言史,则史例也。唐宋至今,积学之士,不过史纂、史考、史例;能文之士,不过史选、史评,古人所为史学,则未之闻矣。"[②] 在他看来,史考、史选、史纂、史评、史例虽都可列于史部,但通常所谓经史子集之史部,并非其理想之史学。章学诚所言之史,非后人所谓之史料,而是"政教不分""官师合一"背景下阐释先王之道的"撰述",即"周代官吏所掌守的实际的政制典章教化施为的历史记录"。[③] 他所看重的乃是政典的教化功能,而非现代历史学的史料价值。在章学诚心目中,真史学,须具史德,即"著书者之心术也"。[④] 其实就是孔子所谓之微言大义。"史之大原本乎《春秋》,《春秋》之义昭乎笔削。笔削之义,不仅事具始末,文成规矩已也。以夫子义则窃取之旨观之,固将纲纪天下,推明大道,所以通古今之变而成一家之言者,必有详人之所略,异人之所同,重人之所轻,而忽人之所谨,绳墨之所不可得而拘,类例之所不可得而泥,而后微茫杪忽之际有以独断于一心。及其书之成也,自然可以参天地而质鬼神,契前修而俟后圣,此家学之

---

① 章学诚:《浙东学术》,《文史通义》,第 170 页。
② 章学诚:《上朱大司马论文书》,仓修良编注《文史通义新编新注》,第 768 页。
③ 胡楚生:《清代学术史研究》,台北,台湾学生书局,1988,第 178 页。
④ 章学诚:《史德》,《文史通义》,第 65 页。

所以可贵也。"①《春秋》之所以能成为史之大本大源，即在于集中体现了圣人心术，而独窃取笔削之义，"史之所贵者义也"。②而此史学中所内含的笔削之义，并非立基于空言，而是"六经特圣人取此六种之史以垂训者耳"，③体现圣人心术之史德，即史家所言之"别识心裁"，唯有如此，方能成一家之言。在《申郑》篇中，章学诚对宋代史家郑樵的崇敬之情溢于言表："郑樵生千载而后，慨然有见于古人著述之源，而知作者之旨，不徒以词采为文，考据为学也。于是遂欲匡正史迁，益以博雅；贬损班固，讥其因袭。而独取三千年来遗文故册，运以别识心裁，盖承通史家风，而自为经纬，成一家之言也。"④正如吴怀祺所言："章学诚倡史学通识的用心，意在纠学风之弊，复古人治学求义之精神。通史之'通'，不在于形式上的贯通，而在于有史家'一家之言'、'独断之学'贯穿史书之中。"⑤不论圣人之心术，抑或史家之别识心裁，其目的都在于经世，"知史学之本于《春秋》，知《春秋》之将以经世……史学所以经世，固非空言著述也。且如六经同出于孔子，先儒以为其功莫大于《春秋》，正以切合当时人事耳。后之言著述者，舍今而求古，舍人事而言性天，则吾不得

---

① 章学诚：《答客问上》，《文史通义》，第 152 页。内藤湖南指出："什么叫'史学'，仅仅对史料进行整辑排比、参互搜讨是不能成为史学的，只有对史料作出某些处理才称得上为史学。由此，章学诚还十分推崇所谓'独断'之学。这里所说的独断，并非不考虑材料的空谈空论，而作为对材料的处理方法，应该是经过自己头脑思考的产物。这是章氏反复主张的独断的学问。"见〔日〕内藤湖南《中国史学史》，马彪译，上海古籍出版社，2017，第 378 页。

② 章学诚：《史德》，《文史通义》，第 65 页。

③ 章学诚：《报孙渊如书》，仓修良编注《文史通义新编新注》，第 722 页。

④ 章学诚：《申郑》，《文史通义》，第 149 页。

⑤ 吴怀祺：《章学诚的易学与史学》，《史学史研究》1997 年第 1 期。

而知之矣。学者不知斯义,不足言史学也"。① 因此,在章学诚心目中,真正的史学者,必能垂训古今,必为经世之学,"学问经世,文章垂训"。"学术固期于经世也。……得一言而致用,愈于通万言而无用。"② 学问之宗旨并非故弄玄虚,空言著述,而是切合人事,经世致用。

由此经史之训解释义,便能深切领会《文史通义》卷首,章学诚为何开宗明义:"六经皆史也。古人不著书,古人未尝离事而言理。六经皆先王之政典也。"③ 鲜明提出《文史通义》之宗旨要义,即"六经皆史"之经史观。章学诚认为,六经皆是先王之政典,其中有圣人之心术,有笔削之义,亦即有道有理。但又"未尝离事而言理",是从治国理政之实践中得来的真实史迹史录。经非空言教训,史有笔削之义。在此意义上,经史"正以切合当时人事耳",④ 经即史,史亦即经。因此,在讨论章学诚经史观时,我们要特别注意一种倾向,即认为"六经皆史"论有尊史抑经之立场,正如侯外庐所言:"'六经皆史'论,不但是清初反理学的发展,而且更有其进步的意义。他大胆地把中国封建社会所崇拜的六经教条,从神圣的宝座拉下来,依据历史观点,作为古代的典章制度的源流演进来处理,并把它们规定为'时会使然'的趋向。他反对人们崇拜那样'离事而言理'的经,更反对离

---

① 章学诚:《浙东学术》,《文史通义》,第 170 页。
② 章学诚:《说林》,仓修良编注《文史通义新编新注》,第 227—228 页。
③ 章学诚:《易教上》,《文史通义》,第 1 页。
④ 章学诚:《浙东学术》,《文史通义》,第 170 页。

开历史观点而'通'经。"① 深受浙东史学影响的章学诚，重史之地位确是毫无疑义，但抑经之倾向似乎并非如此。章学诚并非疑经之人，对于孔子"述而不作，而表章六艺，以存周公之旧典"，② 更是赞赏有加，推崇备至。在晚年的《上朱中堂世叔》中，章学诚曾言及自己饱受时议的经史观："近刻数篇呈诲，题似说经，而文实论史，议者颇讥小子攻史而强说经，以为有意争衡，此不足辨也。……何尝有争经学意哉！且古人之于经史，何尝有彼疆此界，妄分孰轻孰重哉！小子不避狂简，妄谓史学不明，经师即伏、孔、贾、郑，只是得半之道。"③ 与其说章氏的基本立场为尊史抑经，还不如说是在尊经之前提下纳史入经，尊史为经。章学诚提出"六经皆史"，目的是"为千古史学辟其蓁芜"，④ 正如其晚年自辩："《通义》所争，但求古人大体，初不知有经史门户之见也。"⑤ 内含其高亢之三代复古理想，即以史学作为一切经典之根柢。正如内藤湖南所言，章学诚"认为史学并不是单纯记录事实的学问，并对此从根本上给以了原理、原则的思考。虽然他的思考方式是哲学的，但是在章学诚看来，作为一切学问的根本不是哲

---

① 侯外庐：《中国思想通史》，人民出版社，2011，457 页。内藤湖南认为并非如此，为其进行了辩护："章学诚所提出的'六经皆史'口号，对一般中国学者来说是一个非常大的冲击。关于'六经皆史'，有时会招致经学者的误解，甚至引起反感的情况也不少。经学者认为所谓'经'是高耸于所有著述之上的，所以将其视为'史'的话是对经的玷污，误认为是将圣人所立言之经与后世学者文人所书之史置于了同等地位。其实，章学诚所说的'六经皆史'并不是这个意思，他只是认为：由于《六经》都是对古来前言往行的记录，因此《六经》所体现的只不过是记载圣人之道的器而已。"见〔日〕内藤湖南《中国史学史》，第 375 页。

② 章学诚：《原道中》，《文史通义》，第 39 页。

③ 章学诚：《上朱中堂世叔》，仓修良编注《文史通义新编新注》，第 760 页。

④ 章学诚：《与汪龙庄书》，仓修良编注《文史通义新编新注》，第 694 页。

⑤ 章学诚：《上朱中堂世叔》，仓修良编注《文史通义新编新注》，第 761 页。

学而是史学。所有的学问无非史学,从不存在没有史学背景之学问的认识出发,去试图评价一切著述,则是他的理论特征"。① 让经学不再悬无根基,置于空言,而是有其史学之坚实基础。由此,经之地位更加巩固,同时又把史学抬高至作为经之基础的牢固地位。"章学诚的'六经皆史'说,就其主要方面而言,恐怕还不是尚存争议的尊经、抑经问题,贯穿于其间的一个中心思想,实为复原中国儒学的经世传统,倡导以史学去经世致用。"② 因此,六经并非虚悬空言,史学并非堆砌材料,六经基于正史,史学内含经训,经即史,史亦即经。就此而言,经史并治、经史并重,才是章学诚经史观之核心。

二 "求端于周孔之分": 章学诚之圣人观

讨论章学诚的经史观,有一绕不过去的议题,即周孔之关系。在中国经学史上,一般而言,经今文学宗师孔子,经古文学则祖述周公。在章学诚所处之清代中叶,孔子之地位明显高于周公,被统治者不断加封。由周孔并称到孔孟并称,看似称谓简单变化,实则道出了儒家道统谱系学中周孔地位之实质变迁。正如牟宗三所言:"以前的人讲宋明理学,都推尊孔子,以孔子为儒家的大宗师。孔子以后成个传统,就叫做 Confucian tradition。孔子并非套在尧、舜、禹、汤、文、武、周公这个系统之内,作他们的骥尾。假定把孔子套在这个系统之内,由他往上溯,这就叫做'周孔并称'。唐、宋以前都是周孔并

---

① 〔日〕内藤湖南:《中国史学史》,第 379 页。
② 陈祖武:《清儒学术拾零》,湖南人民出版社,2002,第 265 页。

称。由宋儒开始，才了解孔子的独立价值，了解他在文化发展中有独特的地位，不能简单地由他往上溯，而作为尧、舜、禹、汤、文武、周公的骥尾。宋儒的贡献在此。所以由宋儒开始，不再是周孔并称，而是孔孟并称。这很不同，表示这个时代前进了一步，是个转折的关键。"[1] 罗志田亦指出周孔盛衰之特殊原因："孔子所尊的道本是传自周公，而周公也确曾长期和孔子分占'先圣'这一头衔并最终获胜。但周公毕竟名分有问题，时而因曾摄政而被归入治统，时而又被纳入道统，在二统之间长期徘徊，又两边都没站稳。名分的模糊（特别是他作为君主昆弟这一不可企及的身份）决定了士人对他的敬而远之。廖平注意到：'当今学堂，专祀孔子；若周公，则学人终身未尝一拜。'没有观众鼓掌的演员是不可能久居舞台之上的。"[2] 其实早在唐代韩愈就已于《原道》中非常明确地说明在儒家道统谱系传承中，周孔在君臣名分间之分水岭："吾所谓道也，非向所谓老与佛之道也。尧以是传之舜，舜以是传之禹，禹以是传之汤，汤以是传之文、武、周公，文、武、周公传之孔子，孔子传之孟轲，轲之死，不得其传焉。荀与扬也，择焉而不精，语焉而不详。由周公而上，上而为君，故其事行。由周公而下，下而为臣，故其说长。"[3] 章学诚把重新检讨周孔关

---

[1] 牟宗三:《中国哲学十九讲》，台北，台湾学生书局，1983，第 397 页。1959 年，牟宗三在台南神学院的讲词中亦有类似提法："圣人制礼尽伦，为天地立心，为生民立命，有其严肃的意义。周公制礼，因而演变成五伦，孔子就在这里说明其意义，点醒其价值。故唐朝以前都是周孔并称。到宋朝因为特重义理，所以才孔孟并称。"见牟宗三《中国哲学的特质》，上海古籍出版社，2007，第 86 页。

[2] 罗志田:《道统与治统之间》，《东风与西风》，三联书店，2017，第 31 页。

[3] 韩愈:《原道》，《韩昌黎集》。

系看得非常之重："故欲知道者，必先知周、孔之所以为周、孔。"① 如要把握往圣先贤所传之道，知晓周孔之分至为关键，这亦是章学诚经史观一脉相承的内在逻辑。正如《礼记·乐记》所言："作者之谓圣，述者之谓明。"章学诚认为，只有德位兼备之圣人才能有制作礼乐刑政、典章制度之权责，而在儒生心目中具有崇高神圣地位之六经，亦不过"先王之政典"，"六艺皆周公之政典，故立为经"。在他看来，周公即六艺之"作者"，六艺乃周公治国理政之典章，其切合于当时人事，具有经纶为世之效，进而才有立为经之可能。而孔子仅为六艺之"述者"而非"作者"，"夫子之圣非逊周公，而《论语》诸篇不称经者，以其非政典也"。②

由此看来，章学诚力图从重建经史关系之视角，还原"六经皆史"论历史脉络中的周孔关系，给予其各自恰当位置。首先，章学诚把周孔都尊为圣人，而并非如某些学者所言有故意扬周贬孔之嫌。"周公集其成以行其道，孔子尽其道以明其教，符节吻合，如出于一人，不复更有毫末异同之致也。"③ 周公孔子之圣，符节吻合如出于一人，"夫子之圣非逊周公，而《论语》诸篇不称经者，以其非政典也"。④ 特别针对后世儒生罔顾事实，不晓真理，想弃周公而独尊孔子，"援天与神而为恍惚难凭之说……而盛推孔子，过于尧、舜，因之崇性命而薄事功，于是千圣之经纶，不足当儒生之坐论矣"。⑤ 这

① 章学诚:《原道上》,《文史通义》, 第 37 页。
② 章学诚:《经解下》,《文史通义》, 第 31 页。
③ 章学诚:《原道上》,《文史通义》, 第 36 页。
④ 章学诚:《经解下》,《文史通义》, 第 31 页。
⑤ 章学诚:《原道上》,《文史通义》, 第 36 页。

看似尊孔，而实则背离孔子尊周公之原教旨，与儒家重经世之家法不甚相符。其次，章学诚认为周孔之分至为关键，关涉古今学术源流。在他看来，周孔虽都为圣人，但"自古圣人，其圣虽同，而其所以为圣不必尽同，时会使然也"。① 所处时代环境有异，为圣之方必将有别。"必求端于周、孔之分，此实古今学术之要旨，而前人于此，言议或有未尽也。"② 周孔之分并不是简单的地位之别，而是关涉古今学术之宗旨，不可不明。再次，章学诚分别周孔关系之核心标准在于德与位。《中庸》讲"故大德，必得其位"，"虽有其位，苟无其德，不敢作礼乐焉；虽有其德，苟无其位，亦不敢作礼乐焉"（第二十八章）。章学诚深受儒家德位观之影响，认为有位无德或有德无位皆不能制作典章礼乐，其制作之权只能归于德位皆备之圣人，"自有天地，而至唐、虞、夏、商，皆圣人而得天子之位，经纶治化，一出于道体之适然"。③ "大抵为典为经，皆是有德有位，纲纪人伦之所制作，今之六艺是也。"④ 在他看来，周公乃有德有位之圣人，可集千古群圣之大成，"周公成文、武之德，适当帝全王备，殷因夏监，至于无可复加之际，故得借为制作典章，而以周道集古圣之成，斯乃所谓集大成也"。⑤ 孔子则有德无位，即无制作之权。"非夫子推尊先王，意存谦牧而不自作也，夫子本无可作也。有

---

① 章学诚：《原道上》，《文史通义》，第36页。
② 章学诚：《与陈鉴亭论学》，仓修良编注《文史通义新编新注》，第719页。
③ 章学诚：《原道上》，《文史通义》，第35页。
④ 章学诚：《传记》，《文史通义》，第73页。
⑤ 章学诚：《原道上》，《文史通义》，第35页。

德无位，即无制作之权。空言不可以教人，所谓'无征不信'也。"①
在章学诚看来，夫子之所以"述而不作"，并非自谦，而是对圣王
德位一体的观念有高度自觉。同时，他特别申明，孔子虽无位但亦
为圣人，虽不能列于集大成之域，但孔子之圣非逊于周公，只是时
会使然也。最后，章学诚指出周孔分别之历史功绩与地位。周孔为
何有如此之分，其因如上所言即"时会使然"，关键在于三代以上
君师治教合一，三代以降君师分而治教不能合于一。由此君师治教之
分，而有周孔之别，"周公集治统之成，而孔子明立教之极，皆事理
之不得不然，而非圣人异于前人，此道法之出于天者也。故隋唐以
前，学校并祀周、孔，以周公为先圣，孔子为先师，盖言制作之为
圣，而立教之为师"。② 由此，从经世之经史观出发，章学诚认为周
公重于孔子，"集大成者，周公所独也"（但又迫于当时环境，特强
调乃出于天）。③ 周公集群圣之大成，周公之外更无所谓学矣。正如
有学者所言："章氏置周公的成就于孔子之上，此点不只与绝大多数
儒者大异其趣，而且与清初君主的评价亦不符。……但不可否认的，
章氏的评估标准却是取自'时代精神'（Zeitgtist）'理'与'势'的
合一。"④ 孔子立教之极亦本于周公之大成，不能出其范围，但君师

---

① 章学诚:《原道中》,《文史通义》, 第 37 页。
② 章学诚:《原道上》,《文史通义》, 第 36 页。
③ 章学诚:《原道上》,《文史通义》, 第 35 页。
④ 黄进兴:《优入圣域：权力、信仰与正当性》, 中华书局, 2010, 第 104 页。由此黄进
兴提出了这样一个儒家悖论："两千多年来萦绕于儒生内心的'怀乡病'（nostalgia）:
期待'圣君'的来临。但'圣君'的来临却使他们付出昂贵的代价，因为儒者得以批
判政治权威的立足点亦随之烟消云散。这岂非儒家思想内在真正的纠结?"同书, 第
105 页。

既分，又不能尽行周公之道法而只能明其教。"孔子学而尽周公之道，斯一言也，足以蔽孔子之全体矣。"① 与章学诚用治统、立教分别周孔相类似，牟宗三用政教观念来分别周孔地位，认为："孔孟并称，则孔子本身可以开一个传统，孔子本身在中国文化上有个独特的地位。到了孔子，开始政教分离；假定以尧、舜、禹、汤、文、武、周公为主，就是以政治事业为主，以业绩为主。孔子并没有作皇帝，没有称王，有其德而无其位。所以我们可以笼统地说，到了孔子，是政教分离；孔子的地位是'教'的地位，不是'政'的地位。所以孔子本身含一传统。"② 同样是讨论政教关系，不同的是牟宗三力图用此政教观念之分，抬高孔子之地位，而章学诚则与之相反，其目的在于使周公之地位更加凸显。同时，章学诚虽认为孔子之学尽为周公之道，但"惟孔子与周公，俱生法积道备至于无可复加之后，周公集其成以行其道，孔子尽其道以明其教，符节吻合，如出于一人，不复更有毫末异同之致也"。③ 在章学诚看来，虽不能有意拔高孔子，亦不能矮化圣人。而后世儒生欲尊孔子，私立其为儒者宗师，却不知道反而矮化了孔子："儒家者流尊奉孔子，若将私为儒者之宗师，则亦不知孔子矣。孔子立人道之极，岂有意于立儒道之极也？……人道所当为者，广矣，大矣。"④ 孔子立教乃是立人

---

① 章学诚：《原道上》，《文史通义》，第 36 页。
② 牟宗三：《中国哲学十九讲》，第 397—398 页。
③ 章学诚：《原道上》，《文史通义》，第 36 页。
④ 章学诚：《原道中》，《文史通义》，第 38 页。

道，而非仅立儒者之道。① 与此同时，章学诚认为古无经史之别，六艺皆掌之史官，如没有三代之后官师政教分离，则不会出现私言。孔子乃不得位而行道，述六经以垂教于万世，这实为孔子之不得已也。"夫子生于东周，有德无位，惧先圣王法积道备，至于成周，无以续且继者而至于沦失也，于是取周公之典章，所以体天人之撰而存治化之迹者，独与其徒相与申而明之，此六艺之所以虽失官守而犹赖有师教也。"② 而后世之儒非处衰周之世，以孔子之不得已而误谓孔子之本志，误欲师孔子而法六经以垂后，岂有不得已者乎？"夫六经，皆先王得位行道，经纬世宙之迹，而非托于空言，故以夫子之圣，犹且述而不作。如其不知妄作，不特有拟圣之嫌，抑且蹈于僭窃王章之罪也，可不慎欤！"③ 因此，章学诚郑重提醒后世之儒生："故学孔子者，当学孔子之所学，不当学孔子之不得已。"④ 孔子之所学，乃是倡周公之道，存其治化之迹，以明其教，而非空言著述离其旨。

---

① 北宋初期，在《礼记》诸多篇章中《大学》《中庸》脱颖而出，开始单行刊印，逐渐为士林所重。继之，程颢、程颐兄弟开始以《大学》《论语》《孟子》《中庸》相互发明，至南宋朱熹则合此为"四书"，并撰《四书集注》。由此，正如钱穆所言："进《四书》，退《五经》。"见钱穆《朱子新学案》第 4 册，台北，三民书局，1971，第 180—181 页。儒家的核心经典发生了划时代转变，"四书"取代"五经"，成为阐释儒家义理的经典文本依据。如依章学诚之论述，孔子本是依先王之政典"六经"以行教，继之以立人道之极，具有普遍的教化意义，而非为儒之一派。后世儒生却为固守儒门之一派，把所依据之经典，从为立人道之极具有先王政典之普遍意义的"六经"，骤然改为为立儒道之极的只有儒家一派义理的"四书"，可谓降格，矮化了圣人之道，悖逆了圣人之意。

② 章学诚:《经解上》,《文史通义》, 第 27 页。

③ 章学诚:《易教上》,《文史通义》, 第 3 页。

④ 章学诚:《与陈鉴亭论学》, 仓修良编注《文史通义新编新注》, 第 719 页。

三 "即器而明道"：章学诚之方法论

为与一时甚嚣尘上的乾嘉考据学相抗衡，章学诚发前人之未言，立基于"六经皆史"论，力图构建一套完整系统的从本体到方法之经史观，对考据训诂学进行彻底清算。前述的经史观、圣人论属于本体论视域，这里从方法论视角作进一步检讨。"儒家者流，守其六籍，以谓是特载道之书耳。"①针对儒生根深蒂固的六经乃载道之书的理论偏见，章学诚提出"六经皆史"论，其核心要旨即是严正指出何为道，进而如何求道、明道。

何为道？在《原道》开篇，章学诚即言"道之大原出于天"，接着写道："《易》曰：'一阴一阳之谓道。'是未有人而道已具也。继之者善，成之者性。是天着于人而理附于气。故可形其形而名其名者，皆道之故而非道也。道者，万事万物之所以然，而非万事万物之当然也。"认为道乃先于人而存在，进而从历史哲学之视角，由"天地生人斯有道"始，一步步实证了"有道而未形""道形而未著""部别班分而道著"，而后仁义忠孝之名、刑政礼乐之制皆起的社会历史发展进程。最后云："故道者，非圣人智力之所能为，皆其事势自然，渐形渐著，不得已而出之，故曰'天'也。"②在章学诚看来，道即是社会发展本身蕴含的历史规律与必然趋势，与任何圣人有意为之的主观创造无关。"圣人创制，只觉事势出于不得不然，一似暑之必须

---

① 章学诚：《原道中》，《文史通义》，第39页。
② 章学诚：《原道上》，《文史通义》，第33页。

为葛，寒之必须为裘，而非有所容心……此皆一阴一阳往复循环所必至，而非可即是以为一阴一阳之道也。"[1] 圣人都是因循道之客观运行规律而制作。章学诚总结道："孰为近道？曰：不知其然而然，即道也。……故不知其然而然，一阴一阳之迹也。"[2] 故道即不知其然而然矣。

如何求道？章学诚一生以求道明道为志业，时常感叹："嗟乎！道之不明久矣。"[3] 后世之人不晓六经并非载道之书，而仅为载道之器。"《易》曰：'形而上者谓之道，形而下者谓之器。' 道不离器，犹影不离形。后世服夫子之教者自六经，以谓六经载道之书也，而不知六经皆器也。"[4] 由此，章学诚提出了其"六经皆史"说的重要论证依据即"六经皆器"。对于如何才能求道，章学诚抛出了圣人与众人的概念："道无所为而自然，圣人有所见而不得不然也。圣人有所见，故不得不然；众人无所见，则不知其然而然。孰为近道？曰：不知其然而然，即道也。非无所见也，不可见也。"[5] 在他看来，道本自然，乃万事万物之所以然而非当然。众人之可得而见者则仅当然而已，只是圣人有不得不然而须求其所以然。但道无可见，众人自不必说，那圣人又如何求道呢？正如老子所言"惚兮恍兮，其中有象；恍兮惚兮，其中有物"，道虽不可见，但其有一阴一阳之迹，即器也，道不离器，

---

① 章学诚：《原道上》，《文史通义》，第 34 页。
② 章学诚：《原道上》，《文史通义》，第 34 页。
③ 章学诚：《答客问上》，《文史通义》，第 153 页。
④ 章学诚：《原道中》，《文史通义》，第 38 页。
⑤ 章学诚：《原道上》，《文史通义》，第 34 页。

器不离道，"知道器合一，方可言学"。①因此，圣人可借器见道。"《六经》皆史也，形而上者谓之道，形而下者谓之器。孔子之作《春秋》也，盖曰：'我欲托之空言，不如见诸行事之深切著明。'然则典章事实，作者之所不敢忽，盖将即器而明道耳。"②因此，道必于器中方能求之，"后人不见先王，当据可守之器而思不可见之道"。③

求道之方。由"道器合一"之本体论，自然便能开出"即器而明道"之认识论，而"六经皆器"则能进一步开出方法论。六经非载道之书，只是周公之政典，孔子因忧周公之道晦，而表彰六籍立之为经，"夫子述六经以训后世，亦谓先圣先王之道不可见，六经即其器之可见者也"。④经本身非道矣，只是载道之器而已。"夫道备于六经，义蕴之匿于前者，章句训诂足以发明之。事变之出于后者，六经不能言，固贵约六经之旨而随时撰述以究大道也。"⑤道源于天，未有斯人而先有斯道，其为宇宙万物之所以然。正如列宁所言："人类思维按其本性是能够给我们提供并且正在提供由相对真理的总和所构成的绝对真理的。科学发展的每一阶段，都在给绝对真理这一总和增添新的一粟，可是每一科学原理的真理的界限都是相对的，它随着知识的增加时而扩张、时而缩小。"⑥在这里，章学诚所言之道即可理解为列宁所言的绝对真理，而备于六经中之道可理解为列宁所言的相对真

---

① 章学诚：《与陈鉴亭论学》，仓修良编注《文史通义新编新注》，第 719 页。
② 章学诚：《答客问上》，《文史通义》，第 153 页。
③ 章学诚：《原道中》，《文史通义》，第 38 页。
④ 章学诚：《原道中》，《文史通义》，第 38 页。
⑤ 章学诚：《原道下》，《文史通义》，第 41 页。
⑥ 列宁：《唯物主义和经验批判主义》，《列宁全集》第 18 卷，人民出版社，2017，第 135 页。

理。道作为总体的绝对真理，是无数相对真理的总和，历史在实践中
不断向前，相对真理亦在不断丰富发展。正如余英时所言："实斋的本
意是说六经但为某一阶段（即古代）之史，而非史之全程。易言之，
六经皆史而史不尽于六经。必须如此下转语，'六经皆史'的全幅涵
义始能显现。……实斋以'道'在历史进程中不断展现。六经既只是
古史，则最多只能透露一些'道'在古代发展的消息。至于'事变之
出于后者，六经不能言'；三代以下之道便只有求之于三代以后之史
了。"① 六经只是周公之政典，即六经之器而只能明三代以来之道（相
对真理），即"义蕴之匿于前者"，而"事变之出于后者"，则已超出
六经之范围，必须"随时撰述以究大道"。"撰述欲其圆而神，记注
欲其方以智也。夫智以藏往，神以知来，记注欲往事之不忘，撰述欲
来者之兴起，故记注藏往似智，而撰述知来拟神也。"② 随时撰述之大
道，目的并不只是起居注，而是要有史家之别识心裁，能察于事变，
成一家之言。正如李泽厚所言："记往是为了知来，所以这不是起居
录，不是记帐本，这是要求获得某种规律性的认识以卜望未来，而有

① 余英时：《"六经皆史"说发微》，《论戴震与章学诚》，第 60 页。余英时还特别指出章
学诚"约六经之旨"对其师钱穆的深刻影响："他从不肯撷取经典中一二语来概括儒家
思想，而再三关注于儒家在各历史阶段的新发展，其根据便在这里。中国人的生活在
两千多年中不断变化，儒家思想自然也不可能静止不动。但这并不是说，儒家思想仅
仅被动地反映生活现实，而是说，儒家在各历史阶段都根据新的生活现实而更新其价
值系统，使之能继续发挥引导或规范的作用。因此他一再推重朱子注《四书》以取代
《五经》是儒学史上一件大事。这一见解又显然受到章学诚的启发。章氏云：'夫道备
于六经，义蕴之匿于前者，章句训诂足以发明之；事变之出于后者，六经不能言，固
贵约六经之旨而随时撰述以究大道也。'（《原道》下）事实上，钱先生的许多著作也都
可以作如是观，即'约六经之旨'以阐发儒家在 20 世纪的意义。"见余英时《钱穆与
新儒家》，《现代危机与思想人物》，三联书店，2012，第 529 页。
② 章学诚：《书教下》，《文史通义》，第 14 页。

助于人事，服务于现实。章学诚所谓史家'微茫杪忽之际，有以独断于一心'，也正是这个意思。史学家要有眼光来作出独立判断。"① 尤其针对儒生"求道必于六经"之固执，章学诚指出："离经传而说大义，虽诸子百家，未尝无精微神妙之解，以天机无意而自呈也。"② 这里必须强调的是，章学诚并非相对主义者，对六经中所义蕴之道并非随时代发展而弃而不顾，相反必须"贵约六经之旨"也即是今日所言之立场、观点、方法。但章学诚并非好古之人，并常以孔子所言之"生乎今之世，反古之道，裁及其身者也"自警自勉。同时，对自古及今的经世致用之道，章学诚从不敢怠慢："鄙人不甚好古，往往随人浮慕而旋置之，以谓古犹今尔。至于古而有用，则几于身命殉之矣！"③ "所谓好古者，非谓古之必胜乎今也，正以今不殊古，而于因革异同求其折衷也。……是则学之贵于考征者，将以明其义理尔。"④ "要其一朝典制，可以垂奕世而致一时之治平者，未有不于古先圣王之道，得其仿佛者也。故当代典章，官司掌故，未有不可通于《诗》、《书》六艺之所垂。"⑤ 得其仿佛者亦即"贵约六经之旨"，他对此甚为重视，以至可为其身命殉之。可见章学诚视"六经之旨"为指导思想，须阐明其中义理，但又非墨守经训，"随时撰述以究大道"，通过可见之迹，与时俱进地深入揭示"道"之恢宏全体。

---

① 李泽厚：《中国古代思想史论》，天津社会科学院出版社，2003，第278页。
② 章学诚：《吴澄野太史〈历代诗钞〉商语》，仓修良编注《文史通义新编新注》，第601页。
③ 章学诚：《与阮学使论求遗书》，仓修良编注《文史通义新编新注》，第757页。
④ 章学诚：《说林》，仓修良编注《文史通义新编新注》，第109页。
⑤ 章学诚：《史释》，《文史通义》，第70页。

对于六经不能言而事变之出于后者随时撰述以究之"大道"，章学诚认为必须尊重"时会使然"之历史发展规律。六经乃周公之政典，成于治教无二官师合一之际。"学者所习，不出官司典守，国家政教……未尝别见所载之道也。"① 但其后"君师分而治教不能合于一，气数之出于天者也"。② 面对这种官师治教相分之不得不然，章学诚认为不可泥古不化，"守六籍以言道，则固不可与言夫道矣"。③ "乃世之学者，喜言墨守，墨守固专家之习业，然以墨守为至诣，则害于道矣。……于是有志之士，以谓学当求其是，不可泥于古所云矣。"④ 言学者不可抱守残缺，舍今而求古，"世儒言道，不知即事物而求所以然，故诵法圣人之言，以为圣人别有一道在我辈日用事为之外耳"。⑤ "故效法者，必见于行事。《诗》、《书》诵读，所以求效法之资，而非可即为效法也。"⑥ 因此，必须与时俱进，经世为本，以时为大，这即章学诚"六经皆史"论之精髓所在。同时，"六经皆史"又潜藏着一个论题即法先王抑或法时王。在讨论此问题前，要指出，章学诚毫无疑问是一位"权威主义者"，对于圣人君父，章学诚始终心存敬畏："夫著书大戒有二：是非谬于圣人，忌讳或干君父，此天理所不容也。然人苟粗明大义，稍通文理，何至犯斯大戒。"⑦ 他进一步以司马迁、屈原为例："吾则以谓史迁未敢谤主，读者之心自不平耳。夫以一

---

① 章学诚：《原道中》，《文史通义》，第 38 页。
② 章学诚：《原道上》，《文史通义》，第 36 页。
③ 章学诚：《原道中》，《文史通义》，第 39 页。
④ 章学诚：《〈郑学斋记〉书后》，仓修良编注《文史通义新编新注》，第 582 页。
⑤ 章学诚：《与邵二云论学》，仓修良编注《文史通义新编新注》，第 665 页。
⑥ 章学诚：《原学上》，《文史通义》，第 44 页。
⑦ 章学诚：《上辛楣宫詹书》，仓修良编注《文史通义新编新注》，第 658 页。

身坎轲，怨诽及于君父，且欲以是邀千古之名，此乃愚不安分，名教中之罪人，天理所诛，又何著述之可传乎？夫《骚》与《史》，千古之至文也。其文之所以至者，皆抗怀于三代之英，而经纬乎天人之际者也。所遇皆穷，固不能无感慨。而不学无识者流，且谓诽君谤主不妨尊为文辞之宗焉，大义何由得明，心术何由得正乎？"① 极力申说司马迁、屈原等对在上之君父无丝毫诽谤之志。

在章学诚的心目中，三代以前官师合一治教无二，古人不著书无私学私言，六经皆先王之政典未尝不以之教人，故学者所习不出官司典守国家政教，"天地之大，可以一言尽。……或问何以一言尽之？则曰：学周公而已矣"。② 而后来私言私学之勃兴，他认为是出于势之不得已。由此便知，对"以吏为师"之古制，章学诚推崇备至："以吏为师，三代之旧法也。秦人之悖于古者，禁《诗》、《书》而仅以法律为师耳。三代盛时，天下之学，无不以吏为师。《周官》三百六十，天人之学备矣。其守官举职而不坠天工者，皆天下之师资也。东周以还，君师政教不合于一，于是人之学术，不尽出于官司之典守。秦人以吏为师，始复古制。而人乃狃于所习，转以秦人为非耳。秦之悖于古者多矣，犹有合于古者，以吏为师也。"③ 他认为"以吏为师"乃

---

① 章学诚:《史德》,《文史通义》,第68页。
② 章学诚:《原道上》,《文史通义》,第36页。
③ 章学诚:《史释》,《文史通义》,第70页。关于"以吏为师"，罗志田的看法亦颇有意思："以前的人爱说法家厚今薄古，由此看来，法家的观念恐怕还更接近'道治合一'的古义；而以好古著称的儒家，反提倡了一套革新的政治理论和制度。同样，秦人实行的'以吏为师'，正是'道治合一'基础上的古代正途；反是经过儒家整理改编的'诗书'，提倡什么超越于治统的道统，才是经'温故'而提出的'新生事物'。"见罗志田《道统与治统之间》,《东风与西风》,第29页。

是秦仅存的三代之法的遗迹，只是轻微批评了秦人"以吏为师"仅以法律为师，而对秦人恢复古制深以为然。"三王不袭礼，五帝不沿乐，不知礼时为大而动言好古，必非真知古制者也。"① 同时，他特别强调不能不加辨别地盲目复古，指出"以吏为师"之前提是"礼时为大"。因此，对于法先王还是法时王之问题，毫无疑问章学诚是极力推崇后者。正如余英时所言："把'六经皆史'说涵义推拓至极，实斋便无可避免地会得到'贵时王之制度'的结论，因为时代愈近便愈可见'道'的最新面貌，而时王之'政典'也必然将成为后世的'六经'也。"② "《传》曰：'礼，时为大。'又曰：'书同文'。盖言贵时王之制度也。学者但诵先圣遗言而不达时王之制度，是以文为鞶帨缔绣之玩而学为斗奇射覆之资，不复计其实用也。"③ 因此，不能舍器而求道，舍今而求古。必须以时王之制度为本，"故无志于学则已，君子苟有志于学，则必求当代典章以切于人伦日用，必求官司掌故而通于经术精微，则学为实事而文非空言，所谓有体必有用也。不知当代而言好古，不通掌故而言经术，则鞶帨之文，射覆之学，虽极精能，其无当于实用也审矣"。④ 对于章学诚贵时王当下之制度实践，钱穆深有体悟，认为章学诚点出了训诂考据之学弊病所在："我们真要懂得经学，也要懂得从自身现代政府的官司掌故中去求，不要专在古经书的文字训诂故纸堆中去求。这是章实斋一番大理论。清代人讲经学却都是讲错了

---

① 章学诚：《史释》，《文史通义》，第 70 页。
② 余英时：《"六经皆史"说发微》，《论戴震与章学诚》，第 60 页。
③ 章学诚：《史释》，《文史通义》，第 69 页。
④ 章学诚：《史释》，《文史通义》，第 69 页。

路，避去现实政治不讲，专在考据古经典上做工夫，与自己身世渺不相涉，那岂得谓是经学？……清代下面的今文学家主张经世致用，就从章实斋六经皆史论衍出，故从章实斋接下到龚定庵，这一层，从来没有人这样讲。"①

因此，求道必求之于政教典章，以切于人伦日用。而政教典章之迹，即存于众人之不知其然而然，"圣人求道，道无可见，即众人之不知其然而然，圣人所借以见道者也。故不知其然而然，一阴一阳之迹也。学于圣人，斯为贤人。学于贤人，斯为君子。学于众人，斯为圣人。非众可学也，求道必于一阴一阳之迹也。……盖自古圣人，皆学于众人之不知其然而然"。② 这段话，道出了章学诚方法论之真谛。表面上看章学诚尊奉以吏为师，推崇法后王，是一个彻头彻尾主张圣人史观与英雄史观的权威主义者，但事实并非如此，正如其所指出"故言圣人体道可也，言圣人与道同体不可也"，③ 有力地驳斥了"圣人与道同体"的神秘观念。"学于众人，斯为圣人"，一语道破玄机，充分说明章学诚始终遵循下层路线，在认识论层面坚持民为本，是群众史观的拥护者和执行者，彻底否认了圣人史观。这一说法被侯外庐称为"乾嘉时代的光辉的命题"。④

---

① 钱穆：《从黄全两学案讲到章实斋〈文史通义〉》，《中国史学名著》，三联书店，2018，第 350 页。
② 章学诚：《原道上》，《文史通义》，第 34 页。
③ 章学诚：《原道上》，仓修良编注《文史通义新编新注》，第 95 页。
④ 侯外庐：《中国思想通史》，第 478 页。

四 "学于众人"：章学诚之知行观

"学于众人，斯为圣人。"其中又深蕴着章学诚之知行观。"大道之隐也，不隐于庸愚。"[①]众人虽然不能知万事万物之所以然，而作为总体性概念之众人却包含万事万物之当然，即不知其然而然，"不知其然而然，一阴一阳之迹"，而此为道之迹，所蕴含的正是经世之道。同时，章学诚强调之所以要学于众人，即在于有"公是成于众人"，"天下有公是，成于众人之不知其然而然也，圣人莫能异也"。[②]因此，圣人必须借此迹方能见道，"非众可学也，求道必于一阴一阳之迹也"。由此，圣人须对众人的一阴一阳之迹即道之迹深度加工，"自有天地而至唐、虞、夏、商，迹既多而穷变通久之理亦大备"。[③]按照经世之要求，把众迹之中的"穷变通久理"进行"经纶制作"，集千古之大成，变成如六经等经典文献以垂训于后世，此即道之器。而此道之器皆非空言著述私说争论，而皆取于国家政教官司典守，"司徒敷五教，典乐教胄子，以及三代之学校皆见于制度。彼时从事于学者，入而申其占毕，出而即见政教典章之行事，是以学皆信而有征，而非空言相为授受也"，[④]经过了实践之反复检验。此道之器如六经等，又可反过来进行理论提纯，"贵约六经之旨"用以指导众人，即变成

---

① 章学诚：《原道中》，《文史通义》，第 39 页。
② 章学诚：《砭异》，仓修良编注《文史通义新编新注》，第 192 页。
③ 章学诚：《原道上》，《文史通义》，第 34 页。
④ 章学诚：《原学中》，《文史通义》，第 44 页。

道之理。余英时曾特别指出，其师钱穆对章学诚"圣人学于众人"推崇备至，认为此条乃章氏理论中所持最精之义理，并由此延伸道："儒家的价值系统并不是几个古圣昔贤凭空创造出来而强加于中国人的身上的。相反的，这套价值早就潜存在中国文化——生活方式之中，不过由圣人整理成为系统而已。正是由于儒家的价值系统是从中国人日常生活中提炼出来的，所以它才能反过来发生那样深远的影响。"[①] 由此，我们可清晰梳理出章学诚的认识论亦即实践论：圣人必须学于众人，道之迹（众人之感性材料）→道之作（圣人经纶制作）→道之器（编辑为经典文献）→道之理（变为实践指导思想），由是一步步伴随历史之发展、实践之深入而随时撰述以究大道。这即章学诚认识论内蕴之逻辑，实际上承继了古典哲学传统中的知行合一观。正如汪晖所言，章学诚六经皆史"确立了一种理解经史关系的方法论视野"，六经皆史"命题的内在逻辑：知识应该与实践合一，实践总是内在于制度的实践，制度又总是存在于自然的过程之中；知识是对自然过程的认识，而认识过程又是自然过程的一部分。……这就是知行合一，这就是作为伦理与政治的反思的史学，这就是以史学形式出现的实践论"。[②]

同时，对于汉学、宋学之流弊，章学诚作出针锋相对之尖锐批评。"君子之学术，为能持世而救偏，一阴一阳之道，宜于调剂者然也。风气之开也，必有所以取，学问文辞与义理，所以不无偏重畸轻之故也；风气之成也，必有所以敝，人情趋时而好名，徇末而不知本也。是故开者虽不免于偏，必取其精者为新气之迎；敝者纵名为正，

---

① 参见余英时《钱穆与新儒家》，《现代危机与思想人物》，第 528 页。

② 汪晖：《现代中国思想的兴起》第一部上卷，第 485—486 页。

038 | 历史与信仰:"六经皆史"与马克思主义中国化

必袭其伪者为末流之托;此亦自然之势也。而世之言学者,不知持风气而惟知徇风气,且谓非是不足邀誉焉,则亦弗思而已矣。"① 所谓持世,就是为当时的典章政教人伦日用服务,用以经世;所谓救偏,就是指斥汉学、宋学等的各执一偏。正如周予同所言:"'汉学'专治历史而不讲义理,'宋学'空谈义理而不顾历史;'汉学'讲考据而脱离实际,'宋学'好空言而'离事言理',实在各有所偏。章学诚'六经皆史说'中的'经世'理论是对准当时这两种学风而予以针砭,正所谓'有的放矢'!"②

首先,章学诚对汉学误以器为道之流弊提出批评:"训诂章句,疏解义理,考求名物,皆不足以言道也。"③ 汉学知即器以求之,而其用思致力之途,初不出乎字义、名物、制度、章句、训诂之间,以为所有之学问均在此,而不知这乃明道之器而非道之本体也。在章学诚看来,六经即器,虽非载道之书,但只有存是器方能识其道。由此之故,便不能走向另一个误以器为道之极端。章句训诂、制度钻研、义理疏解、名物考求,皆不足以言道。因此,意图以考据训诂之学通经,是南辕北辙离道甚远,实不可取。"近日考订之学,正患不求其义,而执形迹之末,铢黍较量,小有异同,即嚣然纷争,而不知古人之真不在是也。"④ 特别针对后世经学家固守门户,范围狭窄,只陷于"一经之隅曲"而不能窥见古人之全体,章学诚认为求道须六艺并重

---

① 章学诚:《原学下》,《文史通义》,第46页。
② 《章学诚"六经皆史说"初探》,朱维铮编《周予同经学史论著选集》,第720—721页。
③ 章学诚:《原道下》,《文史通义》,第40页。
④ 章学诚:《〈说文字原〉课本书后》,仓修良编注《文史通义新编新注》,第580页。

而不可止守一经，即使治一经而经旨闳深亦不可限于隅曲，故专攻一经之隅曲必与古人兼通六艺之功能相悖，"训诂章句，疏解义理，考求名物，皆不足以言道也。取三者而兼用之，则以萃聚之力补遥溯之功，或可庶几耳。而经师先已不能无抵牾，传其学者又复各分其门户……门径愈歧而大道愈隐矣"。① 这即是对以戴震为首认为只有训诂才能通经致道的汉学之激烈批评，并揶揄此为"犹资舟楫以入都，而谓陆程非京路也"。② 正因对汉学之反动，章学诚特别强调"读书观大意"亦未尝非学问求道之方，否则一味崇奉考据训诂，则"学者风气，征实太多，发挥太少，有如桑蚕食叶而不能抽丝"。③ "骛于博者，终身敝精劳神以徇之，不思博之何所取也？……此皆知其然而不知所以然也。"④ 而其最后之结果只能是道不明而争于器，实不足而竞于文，空言制胜，华辩伤理。

其次，章学诚对宋学离器而言道之流弊更为不满："世儒言道，不知即事物而求其所以然，故诵法圣人之言，以谓圣人别有一道在我辈日用事为之外耳。"⑤ 此离器而言道，故宋学之流弊即是："以'道'名学，而外轻经济事功，内轻学问文章，则守陋自是，枵腹空谈性天，无怪通儒耻言宋学也。"⑥ 在他看来，这些表面终日以诵法圣人之言为志业的儒生是汲汲于先王之道，但其实乃脱离世事而空言道，如其言：

---

① 章学诚：《原道下》，《文史通义》，第 40 页。
② 章学诚：《又与正甫论文》，仓修良编注《文史通义新编新注》，第 809 页。
③ 章学诚：《与汪龙庄书》，仓修良编注《文史通义新编新注》，第 694 页。
④ 章学诚：《原学下》，《文史通义》，第 46 页。
⑤ 章学诚：《与邵二云论学》，仓修良编注《文史通义新编新注》，第 665 页。
⑥ 章学诚：《家书五》，仓修良编注《文史通义新编新注》，第 823 页。

"专于诵读而言学,世儒之陋也!"① 如套用今天之术语即教条主义者,《诗》、《书》诵读,所以求效法之资,而非可即为效法也"。故不能死守教条,必须与实践相结合,求道既不可盲目复古,亦不能轻易舍己从人,必须随时保持求道者之主体性。"教也者,教人自知适当其可之准,非教之舍己而从我也。故士希贤,贤希圣,希其效法于成象,而非舍己之固有而希之也。……故效法者,必见于行事。"②

因此,在章学诚看来,诸子百家之患起于思而不学,世儒之患起于学而不思。"故夫子言学思偏废之弊,即继之曰:'攻乎异端,斯害也已。'夫异端之起,皆思之过而不习于事者也。"③ 因此,必须学思结合,如夫子作《春秋》之原则"我欲托之空言,不如见诸行事之深切著明"。既不能误器以为道,更不能离器而言道,离事而言理,舍今而言古,"夫思,亦学者之事也。而别思于学,若谓思不可以言学者,盖谓必习于事而后可以言学,此则夫子诲人知行合一之道也"。④ 习于事乃是思之根本,学之大原。他针砭时弊地指出了汉、宋之学的思想弊端,汉宋之争只是争名而已,于事无补,于道无益。由此可知,章学诚所提"六经皆史"论之核心要义,即道器合一、学思合一、知行合一。正如周予同所言:"我们可以说'六经皆史说'是章学诚的'经世'理论,是他的历史哲学的核心。'六经皆史说'是在乾嘉时代汉学盛行、宋学仍占优势的历史条件下提出的,并以之反对汉学、宋学

---

① 章学诚:《原学上》,《文史通义》,第44页。
② 章学诚:《原学上》,《文史通义》,第44页。
③ 章学诚:《原学中》,《文史通义》,第45页。
④ 章学诚:《原学中》,《文史通义》,第45页。

的偏失的。在当时，他有所立、有所破。他大胆地提出'六经皆史'的命题，建立道器合一的哲学，反对风靡一时的汉学和高据堂庙的宋学，在中国思想史上是值得大书特书的。"①

　　综上所述，作为浙东史学殿军、秉承经世传统的章学诚，在历经汉宋之争后，特别是面对所处之世的时代境遇，他深刻意识到对经史关系必须进行一次从本体到方法的更为彻底的重塑。就此而言，理解章学诚之经史观，核心即六经皆史之经史观，周孔之分之圣人观，即器明道之方法论，学于众人之知行观，宗旨即经史并重，经世致用。对于章学诚以六经皆史为内核的历史哲学，李泽厚点出了其在中国近现代思想史上的思想传承谱系与深远历史影响："章学诚《文史通义》《校雠通义》有各种错误，包括好些知识性错误，'征文考献，辄多谬误'，'其读书亦大卤莽灭裂矣'，但它的重要价值和影响却丝毫未减，直至今日仍为海内外学者们所推重。其所以能如此，不正是由于它体现了中国社会和文化的近代趋向的新精神，为'切于人事'的'经世致用'观念提出了历史学的论证么？正是他的这种富有创造性的史学理论，而不是他的那些具体的论证、考核或材料，使他终于取得思想史上的重要位置。在这种意义上，章学诚也正是陈亮、叶适、顾炎武、黄宗羲、王船山等人的所谓'外王'路线的伸延和扩展。不是宋明理学，而是这条路线与近代中国进步思想有直接的联系。从龚自珍、魏源到梁启超、章太炎，当然还有许多其他的人，都是在'经世致用'等观念影响下，注重事实、历史、经验，主张改革、变法、革

---

① 《章学诚"六经皆史说"初探》，朱维铮编《周予同经学史论著选集》，第724页。

命。无论是龚的'尊史',魏的'师长',还是梁的'新史学',章的'国粹'……都可以看作是中国这种传统在近代特定条件下的继承和发扬。他们愤然推开心性玄谈,而面向现实,救亡图存。……这就是思想史的真实。"①

---

① 李泽厚:《中国古代思想史论》,第278—279页。

第二章

思想之榫卯
　　——从章太炎到范文澜的经史观

章学诚晚年在致友人信中，曾这样坦露其心迹："拙撰《文史通义》，中间议论开辟，实有不得已而发挥，为千古史学辟其蓁芜，然恐惊世骇俗，为不知己者诟厉，姑择其近情而可听者稍刊一二，以为就正同志之质，亦尚不欲遍示于人也。"[①]虽为编撰《文史通义》殚精竭虑，但其中多有惊世骇俗之言，他自知不合时宜，怕被时人诟病，仅付梓自刻本几卷，终其一生《文史通义》未能定稿刊刻。临终前他曾把文稿托付友人王宗炎代为整理编订，但王未定稿即离世。而后次子章华绂对文稿重新加以编订，终于开封印行了《文史通义》（大梁本），此时距章学诚辞世已三十余年。章学诚的史学成就虽大，但其人其学终未得时人关注而显赫于当时。直至民国初年，才渐为人所重视。1920 年日本学人内藤湖南从社会进化论角度解读《文史通义》，并作了简略的《章实斋年谱》。受此刺激，胡适觉得"《内藤谱》又太简略了，只有一些琐碎的事实，不能表现他的思想学说变迁沿革的次序"，立志不但要记载章学诚的一生事迹，还要写出他学问思想的历史，于 1922 年撰写出更为翔实的《章实斋先生年谱》。"我那时正觉得，章实斋这样一位专讲史学的人，不应该死了一百二十年还没有人给他做一篇详实的传。……因此，我那时很替章实斋抱不平。他生平眼高一世，瞧不起那班'襞襀补苴'的汉学家；他想不到那班'襞襀

---

① 　章学诚：《与汪龙庄书》，仓修良编注《文史通义新编新注》，第 694 页。

补苴'的汉学家的权威竟能使他的著作迟至一百二十年后方才有完全见天日的机会，竟能使他的生平事迹埋没了一百二十年无人知道。"① 另一位日本学者岛田虔次却认为章学诚"六经皆史"论并未沉寂于历史，而是自晚清以来有一条清晰的思想传承谱系，那就是章学诚→龚自珍→章太炎："龚自珍的'史'是史官，现在章炳麟的'史'则是史书、历史，它们都源于章学诚的'六经皆史'。""无论如何，章学诚是矛盾的存在。尽管如此，始终比戴震和汪中更倾向思想意识的章学诚的后继者——义方面的继承者龚自珍，事方面的继承者章炳麟，——恰恰又都是激进主义者！""章炳麟，最饶有趣味的是他既是考证学者又是革命家；而考证学（朴学）与革命之间的媒介则是'六经皆史'说。"②

一 章太炎之经史观

章太炎，被誉为近代中国历史上"有学问的革命家"，其一生学

---

① 《章实斋先生年谱·序》，季羡林主编《胡适全集》第19卷，安徽教育出版社，2003，第29—30页。钱穆则批评胡适并非真正理解了章学诚的"六经皆史"论。胡适"写了一部《章实斋年谱》，来提倡章氏史学。他不想，既是主张诸子不出于王官，则章实斋六经皆史一语又就无法讲。他既要提倡章实斋史学，而又要推翻《汉书·艺文志》，实把章实斋最有心得的在古代学术史上提出的精要地方忽略了。""这个'史'字，我们近代学者如梁任公，如胡适之，都看错了。他们都很看重章实斋，但他们对实斋所说'六经皆史'这个一个'史'字，都看得不正。……章实斋《文史通义》里所谓的'六经皆史'这个'史'字，明明有一个讲法，即在《文史通义》里就特写了一篇文章名《史释》，正是来解释这'史'字，并不像我们近人梁、胡诸氏之所说。"见钱穆《从黄全两学案讲到章实斋〈文史通义〉》，《中国史学名著》，第348—349页。

② 〔日〕岛田虔次：《六经皆史说》，刘俊文主编《日本学者研究中国史论著选译》第7卷《思想宗教》，第183、206、182页。

术思想深受浙东同姓学人章学诚之影响，特别是其"六经皆史"论，
对章太炎经史观基础之奠定功莫大焉。章太炎在《清儒》篇中提及浙
东学术时，对章学诚评价甚高："会稽章学诚为文史、校雠诸《通义》，
以复歆、固之学，其卓约近《史通》。"① 对于二章思想传承之关系，思
想界亦有共识，正如梁启超所言："炳麟少受学于俞樾，治小学极谨
严，然固浙东人也，受全祖望、章学诚影响颇深。"② 侯外庐也认为章
太炎的"经史一元论，是继承了清初傅青主'经子皆王制'，章实斋
'六经皆史'的思想，而发展为一家之言"。③ 周予同亦指出章太炎"受
浙东史学派的影响，兼祧了章学诚、全祖望、万斯同、黄宗羲一派的
学统。……浙东史学派有两个特点：其一，是严种族之别，以异族入
主中原，为汉族奇耻；其二，是尊崇历史，以历史与民族的兴亡有密
切的关系；……章太炎当时就是高举着浙东史学派的这两个火炬，向
青年们号召着煽动着"。④ 的确，章太炎治经专尚古文，曾于诂经精
舍师承谭献，而谭献对章学诚推崇备至，认为其乃晚清无出其右之大
学者，"章氏之识冠绝古今，予服膺最深"，⑤ 甚至把《文史通义》时
置案头，晨夕相对，"读之不啻口沫手胝矣"。因此，不论是岛田虔次
所言以龚自珍为媒介，或者接续浙东史学之宗旨，还是受业师谭献之
影响，路径或兼而有之，其结果是章太炎对章学诚"六经皆史"论甚

---

① 《清儒》，《章太炎经典文存》，上海大学出版社，2003，第 141 页。

② 梁启超：《清代学术概论》，上海古籍出版社，1998，第 95 页。

③ 侯外庐：《章太炎基于"分析名相"的经史一元论》，原载《中山文化季刊》第 2 卷第
　 2 期（1945 年 9 月），见《侯外庐集》，中国社会科学出版社，2001，第 386 页。

④ 《康有为与章太炎》，朱维铮编《周予同经学史论著选集》，第 109 页。

⑤ 谭献：《复堂日记》，河北人民出版社，2001，第 17 页。

为服膺。至晚年演讲时曾向学生自述:"余幼专治《左氏春秋》,谓章实斋'六经皆史'之语为有见。"①并在早年的演讲中反复强调:"直到近来,百年前有个章学诚,说'六经皆史',意见就说六经都是历史,这句话,真是拨云雾见青天。"②虽服膺于章学诚的"六经皆史"论,"六经皆史"论亦有其特定内涵,但毕竟章太炎与章学诚所处之时代环境已是大相径庭,基于时代之新问题意识特别是"反满革命"之迫切需要,章太炎对"六经皆史"论之内涵作出新诠释。因此,我们在讨论二章的"六经皆史"论时,一方面要注意其一脉相承的经史问题意识,另一方面亦要注意根据不同时代背景来理解其特定之内涵,不能简单地混为一谈。

首先,承继"六经皆史"所内含"古无经史之别,六艺皆掌之史官"之经史观念。③章太炎明确指出,经"本来只是写书的名目。……真实可以称经的,原只是古人的官书"。④对于六经皆古史,章太炎还分别进行具体论述:"《尚书》《春秋》固然是史,《诗经》也记王朝列国的政治,《礼》《乐》都是周朝的法制,这不是史,又是甚么东西?惟有《易经》似乎与史不大相关,殊不知道,《周礼》有个太卜的官,是掌《周易》的,《易经》原是卜筮的书。古来太史和卜筮测天的官,都算一类,所以《易经》也是史。"⑤在章太炎看来,《尚书》《春秋》《诗经》《礼》《乐》都是真实历史文献,唯有《易经》虽有

---

① 《自述治学之功夫及志向》,《章太炎全集》第 15 卷《演讲集》(下),第 505 页。

② 《经的大意》,《章太炎全集》第 14 卷《演讲集》(上),第 99 页。

③ 章学诚:《论修史籍考要略》,仓修良编注《文史通义新编新注》,第 433 页。

④ 《经的大意》,《章太炎全集》第 14 卷《演讲集》(上),第 98 页。

⑤ 《经的大意》,《章太炎全集》第 14 卷《演讲集》(上),第 98—99 页。

表示肯定之意，但仍感不如其他五经来得踏实。故其晚年反复说明：
"《周易》，人皆谓是精研哲理之书，似与历史无关，不知《周易》实
历史之结晶。"① "《易》之所包者广，关于哲学者有之，关于社会者有
之，关于出处行藏者有之。其关于社会进化之迹，亦可列入史类。"②
同时，对于章学诚特别注重"固贵约六经之旨而随时撰述以究大道"
之论，他亦有深切之体悟。六经虽不能言事变之出于后者，但并非六
经就可完全摒弃不用。"经者何指乎？'大纲'二字，允为达诂。……
宗旨曰经……简要者为经。"③ 经者宗旨，指出经之内涵即含有"贵约
六经之旨"的意蕴，进而强调："现在的时世，和往昔不同。但是，所
变换的，只是外表的粗迹，至于内在的精义，是亘千载而没有变换
的。所以，古未必可废，所着重的，在善于推阐。假使能够发挥他的
精义，忽略他的粗迹，那么以前种种，未必无补于现在。"④ 六经是古
代官书，先王之政典，虽非道之恢宏全体，但章太炎深信其有精义所
在，"经国利民，自有原则，经典所论政治，关于抽象者，往往千古
不磨"。⑤ "把经当作古代的历史，用以参考后世种种的变迁，于其中
看明白古今变迁的中心。"⑥ "布六籍者，要以识前事，非谓旧章可永循
也。……旧章诚不可与永守，政不骤革，斟酌向今，未有不借资于史。
先汉之史，则谁乎？其惟姬周旧典，见于六籍者。故虽言通经致用，

---

① 《历史之重要》，《章太炎全集》第 15 卷《演讲集》（下），第 491 页。
② 《论经史儒之分合》，《章太炎全集》第 15 卷《演讲集》（下），第 592 页。
③ 《论经史儒之分合》，《章太炎全集》第 15 卷《演讲集》（下），第 591 页。
④ 《经义与治事》，《章太炎全集》第 14 卷《演讲集》（上），第 455 页。
⑤ 《论读经有利而无弊》，《章太炎全集》第 15 卷《演讲集》（下），第 569 页。
⑥ 章太炎：《国学概论》，上海古籍出版社，1997，第 68 页。

未害也。"① 因此,在章太炎看来,忽略其具体之粗迹,发挥其亘古之精义,随时善于推阐,必能有功于当代。

其次,虽沿用"六经皆史"论,但对经之范围,则突破了章学诚之定义。"义取经纬为世法耳,六艺皆周公之政典,故立为经。"章学诚认为六艺之所以称经,在于其为周公经世之政典。在《原经》篇中,章太炎对此论有系统批评:"挽世有章学诚,以经皆官书,不宜以庶士僭拟……学诚以为六经皆史,史者固不可私作。"② 在章太炎看来,不能以是否官书作为衡量经之标准,"经不悉官书,官书亦不悉称经"。③ 章太炎认为"经之名广矣","故诸教令符号谓之经",④ "经之所该至广"。⑤ 因此,他对章学诚以官书称经、否定私学甚为不满,"学诚必以公私相格,是九流悉当燔烧",⑥ 这里所言之公私即官私,亦即章学诚看重的德位相配问题。但章太炎认为,如果按照"公私相格"之要求,那不要论诸子百家私人著述,就是孔子亦有僭越之嫌,"准其条法,仲尼则国老耳,已去司寇,出奔被征,非有一命之位,儋石之禄,其作《春秋》亦僭也"。⑦ 他通过考证陈寿、范晔诸家,认为诸子著述多有"不在官守,而著书与六艺同流,不为僭拟",⑧ 故"公私相格"不符合历史事实,亦不利于学术振兴。因此,章太炎提出了

---

① 《订孔》,《章太炎经典文存》,第133页。
② 《原经》,《章太炎经典文存》,第153页。
③ 《原经》,《章太炎经典文存》,第157页。
④ 《原经》,《章太炎经典文存》,第153页。
⑤ 《论经史儒之分合》,《章太炎全集》第15卷《演讲集》(下),第591页。
⑥ 《原经》,《章太炎经典文存》,第155页。
⑦ 《原经》,《章太炎经典文存》,第155页。
⑧ 《原经》,《章太炎经典文存》,第154页。

自己的标准，"古之作者，创制而已，后生依其式法条例则是，畔其式法条例则非，不在公私也"。① 由此，他既肯定了圣人创制立法之功，又为后生著述开了方便法门。"一般人的意见，往往把经学史学，分而为二。其实经是古代的史书，史是近代的经书，二者本来是一致的。……我们之所谓'经'，等于现代一般人所说的'线装书'。……史即经，经即史，没有什么分别。"② 章太炎将史纳入经之范围，经史不分，表面看经之外延得以不断扩大，但实质已触及经史关系之根本问题，"经""史"之著述由官学渐变为私学，进而为私学之繁荣奠定了正当性之基础。

再次，六经非为万世立法，力图还经学之历史本色。章学诚的"六经皆史"论，本意并非"贬经为史"，挑战经学之权威，而是旨在"纳史入经"，经史同尊。因此，章学诚十分推崇"以吏为师"，认为六经皆先王之政典，乃国家典章政教，其肩负着教化之重任。对此，章太炎却不甚赞同，强调"夷六艺于古史"，力图突破经学的权威性与神圣性。在章太炎看来，既非如今文经儒生那样神乎其神地尊经，亦非如疑古派那样怀疑经之价值，其意图在于还经学之本色，给经以史之恰当地位。于此，真正要知晓章太炎之经史观，可由他对孔子历史地位之分析，作为门径窥见一斑。首先，孔子删述六经并非为万世立法，"经外并没有史，经就是古人的史，史就是后世的经。古代撰他当代的史，岂是为汉朝？所说治国的法度，也只是当时现用，

---

① 《原经》，《章太炎经典文存》，第 154 页。
② 《经义与治事》，《章太炎全集》第 14 卷《演讲集》（上），第 455 页。

并不说后世必定用得着"。^① "近世缀学之士，又推孔子制法，讫于百世。法度者，与民变革，古今异宜，岂圣人安得预制之？《春秋》言治乱虽繁，识治之原，上不如老聃、韩非，下犹不逮仲长统。"^② 在章太炎看来，与其说是制法，还不如说是制惑，"《春秋》二百四十二年之事，不足尽人事蓄变，典章亦非具举之。……今以不尽之事，寄不明之典，言事则害典，言典则害事，令人若射覆探钩，卒不得其翔实，故有公羊、穀梁、驺、夹之传，为说各异，是则为汉制惑，非制法也。言《春秋》者，载其行事，宪章文武，下遵时王，惩恶而劝善有之矣，制法何与焉？"^③章太炎认为，今文经儒生欲推尊孔子，"夫制法以为汉则隘，以为百世则夸。世欲奇伟尊严孔子，顾不知所以奇伟尊严之者"。^④ 这讥儒生欲尊孔子，却不得要领，不能识其大体。在他看来，经史无别，不能尊经过甚，"'六经皆史也'，这句话详细考察起来，实在很不错。在六经里面，《尚书》、《春秋》都是记事的典籍，我们当然可以说它是史；《诗经》大半部是为国事而作……也可以说是史；《礼经》是记载古代典章制度的……在后世本是史底一部分；《乐经》虽已失去……也含史的性状。只有《易经》一书，看起来象是和史没关，但实际上却也是史。……《春秋》是显明的史，《易经》是蕴着史的精华的。因此可见六经无一非史。后人于史以外，别立为经，推尊过甚，更有些近于宗教"。^⑤今文经学之所以推崇六经与神化孔子，

① 《经的大意》，《章太炎全集》第14卷《演讲集》（上），第100页。
② 《原经》，《章太炎经典文存》，第159页。
③ 《原经》，《章太炎经典文存》，第157—158页。
④ 《原经》，《章太炎经典文存》，第160页。
⑤ 《国学十讲》，《章太炎全集》第14卷《演讲集》（上），第319页。

其因在于儒生认为经孔子所删述之六经载有道统，有教化之功能。但在章太炎看来，这都是今文经儒生之妄想，六经只是古代的史，乃孔子之历史学而已。"周、孔的经典，是历史，不是谈理的。"[①]"今之经典，古之官书，其用在考迹异同，而不在寻求义理。故孔子删定六经，与太史公、班孟坚辈初无高下。其书既为记事之书，其学惟为客观之学。"[②]因此，在章太炎看来，正确的尊孔方式，乃是还孔子以历史学家之地位："孔氏之教，本以历史为宗，宗孔氏者，当沙汰其干禄致用之术，惟取前王成迹可以感怀者，流连弗替。《春秋》而上，则有六经，固孔氏历史之学也。《春秋》而下，则有《史记》、《汉书》以至历代书志、纪传，亦孔氏历史之学也。若局限于《公羊》取义之说，徒以三世、三统大言相扇，而视一切历史为刍狗，则违于孔氏远矣！"因此，"不言孔学则已，若言孔学，愿亟以提倡历史为职矣"。[③]正如王汎森所言，章太炎"对六经的新解释，严重暴露中国'黄金时代'拙陋的真面目，使六经的神圣性发生根本的动摇，也使由经见道，援道济世的千古理想崩坠"。[④]

　　与此同时，对于疑古派怀疑经学之历史价值，欲彻底推翻取消经学，章太炎亦予以严厉驳斥。"汉儒重行，宋人尚理，或实事求是，或旁参佛、老，要之，不能不以经为本。……自有春秋，吾民族

---

① 《论教育的根本要从自国自心发出来》，《章太炎全集》第 14 卷《演讲集》（上），第 112 页。

② 《诸子学略说》，《章太炎经典文存》，第 91 页。

③ 《答铁铮》，《章太炎全集》第 8 卷《太炎文录初编》，第 388—389 页。

④ 王汎森：《章太炎的思想——兼论其对儒学传统的冲击》，上海人民出版社，2018，第 212 页。

之精神乃固,虽亡国有屡,而终能光复旧物,还我河山。……如我学
人,废经不习,忘民族之大闲,则必沦胥以尽,终为奴虏而已矣。有
志之士,安得不深长思哉!要之,读经之利有二:一修己,二治人。
治人之道,虽有取舍,而保持国性为最要。"① 章太炎之所以如此看重
经学之地位,就在于国难当头,日寇来犯之际,必须保持种姓与民族
性,发扬爱国心。"吾人读经主旨,在求修己之道,严夷夏之辨……
若至经史道丧,儒学废绝,则吾炎黄裔胄,真沦于九幽之下矣。"② 由
此,孔子实非儒家之教主。尤其针对康有为成立孔教会视孔子为教主
深恶痛绝,③ 章太炎认为"中土素无国教矣。……孔、老命世,老子
以道莅天下,其鬼不神;孔子亦不语神怪,未能事鬼。次有庄周、孟
轲、孙卿、公孙龙、申不害、韩非之伦,浡尔俱作,皆辩析名理,察
于人文,由是妖言止息,民以昭苏",并进一步指出了孔子之历史贡
献:"孔子所以为中国斗杓者,在制历史、布文籍、振学术、平阶级

① 《论读经有利而无弊》,《章太炎全集》第 15 卷《演讲集》(下),第 567 页。
② 《论经史儒之分合》,《章太炎全集》第 15 卷《演讲集》(下),第 599 页。
③ 近代以来,以康有为为代表的人士,看到宗教在各国政治与社会发展演进过程中发挥
着举足轻重的作用,便试图利用经今文学的"微言大义"与"非常奇异可怪之论",
将儒学改造为神学化、宗教化的儒教或孔教,将孔子塑造为一个教主,并提议立孔教
为国教,主张在全国城乡遍建孔学会。康有为本人,则欲师法德国马丁•路德的宗教
改革,成为当代中国的马丁•路德,"庶以化导愚民,扶圣教而塞异端"。这即《学
林缘起》中所说的"今文诸师,背实征,任臆说,舍人事,求鬼神"。章太炎熟悉
康有为的这一主张,并从一开始就不赞成。因为这既不符合儒学之实际,更不适合
中国历史与当下之国情。1897 年 4 月,在上海时务报馆中,章太炎即因反对建立孔
教,反对将康有为尊为孔教之教皇,视为"南海圣人",批评如此行为"有煽动教祸
之虞",而与康门弟子发生激烈冲突,竟遭康党门徒一阵殴打,愤而离开时务报馆。
见姜义华《章太炎与中国现代学术基础的奠定》,观察者网,https://www.guancha.cn/
JiangYiHua/2019_07_01_507655_1.shtml。

而已。……孔子于中国，为保民开化之宗，不为教主。世无孔子，宪章不传，学术不振，则国沦戎狄而不复，民陷卑贱而不升，欲以名号加于宇内通达之国，难矣。"[1] 在他看来，孔子之真正身份乃"古良史也"，[2] 并认为孔子在此方面贡献尤甚，"令仲尼不次《春秋》，今虽欲观定、哀之世，求五伯之迹，尚荒忽如草昧。夫发金匮之藏，被之萌庶，令人人不忘前王，自仲尼、左丘明始。……耳孙小子耿耿不能忘先代，然后民无携志，国有与立，实仲尼、左丘明之赐"。[3] 对孔子再造华夏之功，章太炎甚为服膺："令晚世得以识古，后人因以知前。故虽戎羯荐臻，国步倾覆，其人民知怀旧常，得意幡然反正，此其有造于华夏者，功为第一。"[4] 因此，对于经学与孔子，章太炎认为都应该本着历史主义的态度客观视之，既不能刻意拔高，与史实不符，又不能妄自菲薄，陷入历史虚无主义。并进一步提出以治史的方式治经，方为正途："古文是历史，今文是议论。古文家治经，于当时典章制度很明白的确；今文家治理，往往不合古时的典章制度。……今文家所说往往与古文情形不对，古文家将经当历史看，能够以治史的法子来治经，就没有纷乱的弊病，经就可治了。这是治经的途径。"[5] 正如侯外庐所言："太炎是以历史学与逻辑学而治经学，颇无问题。基于这两条治学途径，他以历史是人类智识的宝库，治经在'存古'，存古则非谓旧章可永远遵循，乃谓据此文明制度流变之学问而'灌溉'吾民；

---

① 《驳建立孔教议》，《章太炎全集》第 8 卷《太炎文录初编》，第 200—203 页。
② 《订孔》，《章太炎经典文存》，第 133 页。
③ 《原经》，《章太炎经典文存》，第 159 页。
④ 《驳建立孔教议》，《章太炎全集》第 8 卷《太炎文录初编》，第 202 页。
⑤ 《研究中国文学的途径》，《章太炎全集》第 14 卷《演讲集》（上），第 286 页。

治经不能以历史为刍狗，而归结于某一人的唯心创造，乃谓六籍与历史书并重。"① 在章太炎看来，经史如能并重，就能少却许多门户之争的烦恼，于客观历史中见真知。

最后，"六经皆史"内含之知行合一观，章太炎亦承继其精神实质。在晚年演讲中章太炎曾言："昔人读史，注意一代之兴亡，今日情势有异，目光亦须变换，当注意全国之兴亡，此读史之要义也。经与史关系至深，章实斋云'六经皆史'，此言是也。"② 经史关系之重建，实为一种认识论范式之转化。夷六经于古史，经史并重，即是把经重新植根于历史发展脉络之中，让其有血有肉，变得丰富，而非仅仅为圣贤之抽象语录与教条。"古人的史，范围甚大，和近来的史部有点不同，并不能把现在的史部，硬去分派古人。这样看来，六经都是古史。所以汉朝刘歆作《七略》，一切记事的史，都归入《春秋》家。可见经外并没有史，经就是古人的史，史就是后世的经。"③ 此言含义甚深，不能轻易放过，需仔细分析琢磨其中未尽之意。"经外并没有史，经就是古人的史"正好说明经必须从史中出，经的范围小于史，而史却非仅为经，孔子所删定的只有六经，"不是说删定之后，其余的书一概作废，不过这六件是通常讲诵的，其余当作参考书罢了"。④同时，更需要注意的是"史就是后世的经"，这就有一个从史的丰富发展进程与著述中，不断把经过历史与实践检验的"史"纳入经。由

---

① 侯外庐：《章太炎基于"分析名相"的经史一元论》，原载《中山文化季刊》第 2 卷第 2 期，1945 年 9 月，《侯外庐集》，第 402 页。
② 《历史之重要》，《章太炎全集》第 15 卷《演讲集》（下），第 490 页。
③ 《经的大意》，《章太炎全集》第 14 卷《演讲集》（上），第 100 页。
④ 《经的大意》，《章太炎全集》第 14 卷《演讲集》（上），第 98 页。

此，"史"就非一般意义上的历史记录，而具有垂训后世之功能，选出之"经"亦非空洞说教，而有实在之道理。

"经者古史，史即新经。远古之事，或不尽适用于今。事愈近者，愈切实用，荀子所谓'法后王'也。自汉以后，秉国政者，无不参用经史，以致治平。"① 章太炎明显承继了章学诚"礼时为大"的法时王思想。"夫神化之道，与时宜之，故五帝不同礼，三王不沿乐。布六籍者，要以识前事，非谓旧章可永循也。"② 事愈近者，愈切实用。只有与时俱进，不断从当下丰富的历史实践中汲取治国理政人伦日用之道，才能通经史以致用。"至于运用之妙，本不在读书之多，故通经即可致用。今亦可言通史致用，史即经也。"③ 章太炎一直强调不可盲目埋头诵读书本，读书不在于多少，但必须能通经致用进而有效指导实践。"单靠书本上的知识，不是崇拜着西洋各国情势隔膜的制度，便是拘泥着东方古代早已过去的陈规。……最要紧的，是亲自埋头干去，在干的中间，积蓄你如何如何的经验，绝非在书本上讲堂内，随便看看谈谈，可以了事。况且，时势变迁，现代断然不能复为古代……假如守着一两种书，便以为天经地义，牢不可破，这种固执不化的情形，怎样可以通方致远。"④ 盲目迷信经书文本，终归只是教条主义，对此章太炎极力反对。"经学徒有其名，只可考古，与今世无干。……引起爱国心，非历史不可。……历史不是要人一步一步，

① 《论读史之利益》，《章太炎全集》第 15 卷《演讲集》（下），第 601 页。
② 《订孔》，《章太炎经典文存》，第 133 页。
③ 《论读史之利益》，《章太炎全集》第 15 卷《演讲集》（下），第 601 页。
④ 《经义与治事》，《章太炎全集》第 14 卷《演讲集》（上），第 457 页。

都学古人。学棋谱者下棋不能呆照棋谱，必须临机应变。"① 他强调随时变化，非常注重实践，注重从实干中积累经验知识。同时，他强调"不能守着以前的方法便算满足"，"我们当然要把他推广言之"。②由此可见，章太炎十分重视通过"六经皆史"论，重建经史关系之方法论，反对教条，注重经典中所内蕴之民族意识与家国情怀，注重实践，注重当下之国情。"仆以为民族主义，如稼穑然，要以史籍所载人物制度、地理风俗之类，为之灌溉，则蔚然以兴矣。不然，徒知主义之可贵，而不知民族之可爱，吾恐其渐就萎黄也。"③ 并直言不讳："辛亥革命排满，就是由历史来的，不是由学理来的。"④ 面对内忧日重、外患日深之局面，章太炎力图以"国粹激动种性，增进爱国的热肠"。⑤ 这点尤被其得意门生鲁迅看重，以至1936年鲁迅临终前对其师仍念兹在兹，最后一篇文章就是关于章太炎的，即《因太炎先生而想起的二三事》（未完稿），并对其师之革命实践精神作了极高评价："考其生平，以大勋章作扇坠，临总统府之门，大诟袁世凯包藏祸心者，并世无第二人；七被追捕，三入牢狱，而革命之志终不屈挠者，

---

① 《历史的价值》，《章太炎全集》第 14 卷《演讲集》（上），第 291—292 页。
② 《经义与治事》，《章太炎全集》第 14 卷《演讲集》（上），第 458 页。
③ 《答铁铮》，《章太炎全集》第 8 卷《太炎文录初编》，第 388 页。
④ 《历史的价值》，《章太炎全集》第 14 卷《演讲集》（上），第 291 页。
⑤ 《在东京留学生欢迎会上之演讲》，《章太炎全集》第 14 卷《演讲集》（上），第 4 页。周予同在《从顾炎武到章炳麟》一文中指出顾炎武开创了"博学于文"与"行己有耻"，认为这是与顾炎武抗清斗争的政治实践相结合，企图用经学来保护民族意识，读书与抗清联结，著述与致用一致。在此方面乾嘉汉学先生们却有意回避顾炎武的经世思想，阉割其抗清精神。而章太炎基于"排满革命"之需要，明显继承了顾炎武之经世内容，发挥了他的民族主义思想。见朱维铮编《周予同经学史论著选集》，第 754—771 页。

并世亦无第二人；这才是先哲的精神，后生的楷模。"① 由此，我们可有如下体悟：经史观与历史实践精神密切相关,② 学术与政治在中国悠久历史传统中并非截然相对，始终是孪生兄弟。对其浙东后生范文澜而言，亦是如此。

二　范文澜之经史观

范文澜，被誉为现代中国马克思主义史学的开山宗师。他早年入北大国文门，师从黄侃、刘师培、陈汉章等研习经学、史学、文学，尤其黄侃，对他学术影响甚大。黄侃受学于章太炎，乃章门之高足，后人把其与章师并列，谓之章黄学派。范文澜师从黄侃研习诸子群经，深得章门真传，由此奠定其扎实的经史学术功底。③ 在奔赴延安前，范文澜就已出版《文心雕龙讲疏》《群经概论》《正史考略》等在学界颇有影响之著作，成为经史研究领域的后起新秀。范文澜对由章学诚到章太炎的"六经皆史"论的历史演变脉络了然于心，与章太

---

① 《关于太炎先生二三事》，《鲁迅全集》第 6 卷，中华书局，2005，第 567 页。

② 在 1929 年写作的《康有为与章太炎》一文中，周予同深刻指出了经史观与革命实践之内在关系："中国革命思想的萌芽，不出于全部民众之事实的需求，而由于少数青年之情感的冒险；而指导这少数青年从事革命之学术思想，则又不是出生于美国独立与法国革命的理论，而是出生于中国固有的常州经今文学派与浙东史学派的学术。"见朱维铮编《周予同经学史论著选集》，第 108 页。

③ 早在中学期间，"范文澜由父亲指点，经常阅读江浙学人汪中（容甫）、章太炎的论著，并愿效法汪、章，做一个有学识、善文词的人。他还经常阅读国学保存会主办的《国粹学报》，喜爱章太炎、刘师培等人的文章，接受他们的'爱国爱种'、排满复汉的政治主张"。见徐曰彪、朱瑞熙《范文澜传略》，晋阳学刊编辑部编《中国当代社会科学家传略》第 11 辑，书目文献出版社，1990，第 152—153 页。

炎大赞章学诚《文史通义》"卓约近《史通》"近似，范文澜称："学诚
著《文史通义》，与唐朝刘知几《史通》并称历史学两大名著。"① 范
文澜特别看重由黄宗羲开创的浙东史学传统，认为章学诚深得黄宗羲
思想之精髓："经学可以经世，不通经，便是迂腐之儒，而学经必须同
时学史。……章学诚都是传黄学的。……章学诚的《文史通义》造诣
很深。"② 特别值得指出的是，1941 年 9 月延安马列研究院改名为中央
研究院，范文澜任中央研究院中国历史研究室主任，在 1942 年 2 月 3
日为中国历史研究室制订的三年研究计划中，专门列出研究批判各种
非科学之历史方法，其中就有章学诚的中国古典方法研究："刘知机，
郑樵，章学诚等中国古典方法之研究，胡适，梁启超，何炳松，王宜
昌，朱谦之等历史观之批判等。"③ 范文澜对章学诚所提倡之"六经皆
史"论亦赞誉有加："章学诚说'六经皆史'，这是很对的。因为六经
正是专官们保存了些文化记录流传下来被尊为经典，当初既没有经的
名号，也没有特别贵重的意义。"④

　　在转向马克思主义投身革命前，范文澜以"好古"之学为其人生
志业，受业于北大国学门期间，就常被黄侃、刘师培等大师称赞，认
为颇堪传授古文经学之"衣钵"，鼓励其"好自为之，勉求成立"，
其父对此更是奖勉有加。在此鼓励下，他决定选择教书做职业，以

---

① 《中国通史简编》（下），《范文澜全集》第 8 卷，河北教育出版社，2002，第 655 页。
② 《经学讲演录》，中国社会科学院近代史研究所编《范文澜历史论文选集》，第
　331 页。
③ 《中国历史研究室研究计划（三年计划）》，温济泽等编《延安中央研究院回忆录》，中
　国社会科学出版社、湖南人民出版社，1984，第 283 页。
④ 《中国经学史的演变》，《范文澜历史论文选集》，第 269 页。

"追踪乾嘉老辈"为人生之志业。"我那时受老师宿儒的影响，想把汉学的训诂考据和宋学的性命义理融成一片，希望做个沟通汉宋的学者，对那些新思想，认为没有多大道理。"① 但从小所受浙东史学传统之教育，特别是越发急霭的民族危机，都不会给范文澜辈一张安静的书桌。他曾在自传中这样描述信仰之转变过程："'九一八'以后中国明明止有抗战一条道路，我虽说是个'学究'也还懂得不抗战就要亡国。而什么'国联裁制'什么'长期准备'，什么'一面抵抗，一面交涉'那一大套，从来却竟摸下面皮，毫不客气的严禁谈论抗日。他们如此如彼的玩把戏，竟把我'老学究'气得瞪眼大怒，我细心考察，切实证明了（像两直角等于一百八十度那样证明了）共产党抗日主张的言行一致，想救自己免当亡国奴，理应对共产党以及好青年表示亲近。"②

特别经马克思主义的初步洗礼后，范文澜对以往的"好古"志业有了大彻大悟："我那时候深信天下学问只有'好古'一家，别无分号。所以曾跟古文经学家摇过旗，曾跟'选学妖孽'呐过喊，现在想来，真是觉得惭愧。"尤其还曾因此误会了鲁迅先生："'五四'运动没有打动我的'好古'根基，我不赞成白话文，甚至荒谬到替鲁迅大师惋惜，以为他'离经叛道'，'走错道路'，因之偶到北京，不再专诚去谒见他。"③ 对此甚为自责与懊恼。特别是与一位同乡共产党员一见如故，深入交谈后改变了之前许多幼稚想法。在认真阅读从其同乡借

---

① 《忆鲁迅先生》，《范文澜全集》第 10 卷，第 18 页。
② 范文澜：《从烦恼到快乐》，《中国青年》（延安）第 3 卷第 2 期，1940 年 12 月。
③ 范文澜：《从烦恼到快乐》，《中国青年》（延安）第 3 卷第 2 期，1940 年 12 月。

来的《共产主义 ABC》一书后，范文澜真正转向以成为马克思主义史学家为志业："我读了以后才知道革命不是快意高谈，而是伟大艰苦的实际行动，回头看'追踪乾嘉老辈'那个'大志'实在不但不大而且是渺乎小哉了。我毫不犹豫地放弃老营寨，愿意在新时代前面缴械投降。"①对于范文澜的这段思想转变历程，在新中国成立前夕召开的一次青年代表大会上，周恩来把其树立为值得青年学习之榜样："在我们青年中也不要以为有一部分人喜欢搞旧的，就不可以进步了。'五四'那天，我看到范文澜同志写的一篇文章说：当时'五四'运动的人有些浮躁。的确许多人也是有些浮躁。那时他就专门研究汉学，学习旧的。但是范文澜同志一旦脑子通了，对编写中国历史就有帮助，就可以运用自如。"②从早年的《群经概论》到延安时期的《中国经学史的演变》，特别是对"乾嘉老辈"等经师宿儒之自觉批判，意味着范文澜所秉持的历史观与方法论发生了深刻转变，愈加坚定用马克思主义系统诠释传统经史之立场。

首先，继承"六经皆史"论之基本内涵，强调六经皆为古史。"《尚书》、《春秋》、《三礼》(《周礼》、《仪礼》、《礼记》)记载'言''行''制'（制度），显然是史。《易经》是卜筮书，《诗经》是歌诗集，都包含着丰

---

① 范文澜：《从烦恼到快乐》，《中国青年》（延安）第 3 卷第 2 期，1940 年 12 月。范文澜对此曾多次提及："我在'五四'运动前后，硬抱着几本经书、汉书、说文、文选、诵习师说，孜孜不倦，自以为这是学术正统，文学嫡传，看不起那时流行的白话文、新学说，把自己抛弃在大时代之外。后来才知道错了！错了！……关键在于立场观点方法的改变是否早而不迟。"《伟大的"五四"运动》，《范文澜历史论文选集》，第 207 页。

② 周恩来：《学习毛泽东》（1949 年 5 月 7 日），《人民日报》1978 年 10 月 8 日，第 1 版。

富的历史材料。所以章学诚说，'六经皆史'（《文史通义》）。"[1] 对于
何为经，范文澜从马克思主义唯物史观视角给出解释，认为经是封建
统治阶级在思想方面压迫人民的重要工具，统治阶级用一套"天经地
义"的"永恒真理"证明其地位"万古不刊"，从思想上巩固其政权，
谁敢"非圣无法，谁就该死"。经虽是封建社会的产物，但范文澜认
为它仍是解码中国文化之钥匙："经二千多年，经学本身起了无数变化
和派别，每一变化和派别，都是适应当时政治上的需要而发生的。所
以不了解经学，很不容易了解中国文化的根柢。"[2] 在范文澜看来，封
建社会本身变动着，经虽然写定，但经要适合社会发展需要，必须依
靠经学，而儒生之重要任务即不断解释经之义理，使经能适合新社会
之需要。因此，同样的经，经过不同的解释，就成不同的经，亦就发
生不同的作用，这即是经学。"所以经、儒生、经学是三位一体的东
西，缺少一个，其余两个就成为无用之物。统治阶级表面上教人'尊
圣'、'读经'，实际上教人尊迎合君主的儒生，读改头换面的经学。"[3]
同时，五四之后西方实证主义史学思潮传入中国，影响颇大。新起之
史学研究者，一方面继承章太炎之观点即六经非为万世立法，还经学
之历史本色；另一方面又突破了章太炎之观点即以经本身作为信史，
而认为六经只是"待证而后信"的古史研究材料，进而以"六经皆史

---

[1] 《中国经学史的演变》，《范文澜历史论文选集》，第 266—267 页。

[2] 《中国通史简编》（上），《范文澜全集》第 7 卷，第 75 页。

[3] 《中国经学史的演变》，《范文澜历史论文选集》，第 267 页。范文澜把经、儒生、经学
看作三位一体，这点颇得章太炎真传："经、史二部，亦固可合于儒。若'六经皆史'
之说，微有语病，因经所含者不止史学，即儒家之说亦在其内也。……经典治人之道，
非儒家固不能运用，有赖于儒家者以此。"见《论经史儒之分合》，《章太炎全集》第
15 卷《演讲集》（下），第 595—596 页。

料"来重新阐释"六经皆史"论。正如章太炎弟子朱希祖所言："然先师之意，以为古代史料，具于六经，六经即史，故治经必以史学治之，此实先师之所以异乎前贤者。且推先师之意，即四部书籍，亦皆可以史视之，即亦皆可以史料视之，与鄙意实相同也。"[①]认为此论断严重曲解其师之本意。而受实证主义史学思想影响的胡适对章学诚"六经皆史"论之认识，亦颇相似："其实先生的本意只是说'一切著作，都是史料'。如此说法，便不难懂得了。先生的主张以为六经皆先王的政典；因为是政典，故皆有史料的价值。……以子集两部推之，则先生所说'六经皆史也'，其实只是说经部中有许多史料。此种区别似甚微细，而实甚重要，故我不得不为辨正。"[②]因此，无论章学诚，还是章太炎，"六经皆史"论的前提皆是以经为信史，这与受西方实证主义史学思潮影响的"六经皆史料"论有本质差别，后者认为六经只是堆砌无系统的史料而已，只有经过辨别整理后方可确定是否为信史。范文澜在北大就学时，胡适、朱希祖等人正大力推行实证主义史学方法，这对他亦产生了一定影响。范文澜在延安时期明确提出"经本是古代史料""经本身是古代史料（六经皆史）"，[③]认为无论六经，还是后来之经学（汉学系、宋学系抑或新汉学系），都为我们保留了大量的古代哲学史、古代社会史材料。在范文澜看来，如从史料来看经，虽然看似贬低了经之地位，但作为史料之经却并非应像极端疑古派那样"丢到茅厕里"，相反经自有其很高之价值存在，"经学里面多

---

① 朱希祖：《章太炎先生之史学》，《文史杂志》5 卷第 11、12 期合刊，1945 年 12 月。

② 欧阳哲生编《胡适文集》第 7 册，北京大学出版社，1998，第 114—115 页。

③ 《中国经学史的演变》，《范文澜历史论文选集》，第 266、298 页。

少含有民主性革命性的东西（《左传》里颇多），尤其是讲做人道理的格言，（如满招损，谦受益；己所不欲，勿施于人之类）可采的更多。还有些封建统治阶级的'嘉言懿行'，按其本质是反动的，如果移植到无产阶级文化中来，一样可变为有用。例如宋儒所说'节烈'……孟子所形容的大丈夫（富贵不能淫，贫贱不能移，威武不能屈），也只有无产阶级具备这种品质，能够发扬这种精神"。[①] 范文澜认为可依靠马克思主义唯物史观进行甄别，通过无产阶级创造性转化，即能从经学所保存的丰富史料中提纯共产党人所需之精神信仰。

其次，"经"获得新生之路——"变经学为史学"。范文澜深受实证主义史学的"六经皆史料"论影响，贬经为史料。随之而来的后果即是，经之神圣性瓦解，经学之价值彻底崩塌。这对于脱离旧经学窠臼并接受马克思主义史观的范文澜而言，已无如传统士人"非圣无法"般之思想负担，他指出经其实并无什么神圣意义，不应该看作神圣，应让其回归古史材料的本来地位。"章学诚有'六经皆史'之说……章学诚的话有他的道理。清儒讲汉学，也讲宋学，都把经看作神圣的书，章学诚却说经都是史，把经从神圣的地位上拉下来与史平列，这是有意义的。另外，章学诚反对'离事而言理'，就是反对宋学的空谈。章学诚偏重古文经，主张实际的考察和治史，所以有六经皆史的说法。"[②] 这显然与章学诚"六经皆史"论对经的地位之维护背道而驰，亦与章太炎还经学之历史本色的价值地位不甚相符。在范文澜看来，不能如传统经生那样只把六经当成终日诵读的神圣教条，而

---

① 《中国经学史的演变》，《范文澜历史论文选集》，第 299 页。
② 《经学讲演录》，《范文澜历史论文选集》，第 300—301 页。

是只能当成古史并须经努力考索求证方可古为今用："经书里面虽然记载着某人做过什么事，说过什么话，行过什么制度，可是这些记载是当时的实录呢，还是后人所追述；是完全可信呢，还是杂有虚伪。经作为古史来研究，问题自能得到适当的解答，经作为'圣训'来背诵，死教条成为束缚思想的桎梏。"① 在他看来，孔子以来的经学家之任务是把"古史变成圣经"，② 但由此而未进入经学家视野的原本保存完整的旧有史料却逐渐遭到废弃，导致古之信史奇缺。同时，范文澜认为经学本身又是封建社会的产物，如不能与时俱进，其最终之命运亦是与封建社会一同消亡。"经学依封建主义而萌芽，而发展，而没落，而死亡。既然中国封建社会趋于崩溃，它的上层建筑之一的经学，当然不能无根而生存。"③ "经学家如果不放弃'旧窠臼'，不别寻新的康庄大道，'末路'的前面摆着是'死路'。"④ 在他看来，在五四后之新时代，经学发展"新的康庄大道"即是"变经学为史学"，"如果在新民主主义革命时代还有人幻想着继承'道统'，（尧舜禹汤文武周孔孟'我'的那个道统）企图用'读经'方法麻痹青年，放弃革命。这类人毫无疑问一定的封建残余分子或者是投靠帝国主义的奴化分子。……所以新民主主义的文化革命，必须改变经学为史学，必须反对顽固性的道统观念"。⑤ 由此，经学虽从神圣的宝座上走下来，却纳经入史，经学在丰富的历史实践中走向新生。

---

① 《中国经学史的演变》，《范文澜历史论文选集》，第 267 页。
② 《中国经学史的演变》，《范文澜历史论文选集》，第 273 页。
③ 《中国经学史的演变》，《范文澜历史论文选集》，第 298 页。
④ 《中国经学史的演变》，《范文澜历史论文选集》，第 296 页。
⑤ 《中国经学史的演变》，《范文澜历史论文选集》，第 299 页。

再次，中国共产党人对待经学之态度。20 世纪 30 年代，伴随军事反共高潮而来的是文化复古思潮，国民党高举尊孔读经的大旗，大肆进攻左翼思想阵营。国共双方在文化思想领域的意识形态斗争愈演愈烈。要想取得民族文化方面的主动权，经学解释权是国共双方绕不过去的一个核心问题。而正好就在此时，具有深厚经史学术功底又服膺马克思主义的范文澜来到延安，毛泽东把共产党人清算中国经学史的历史重任交给了他。在 1940 年 6 月 21 日延安新哲学年会上，毛泽东对理论工作提出了迫切期望："理论这件事是很重要的，中国革命有了许多年，但理论活动仍很落后，这是大缺憾。要知道革命如不提高革命理论，革命胜利是不可能的。过去我们注意的太不够，今后应加紧理论研究。现在人的条件比过去好了，有许多文化工作者与哲学家都会聚在这里。"① 当时范文澜亦在座，想必他是听之在耳，记之在心。就在同年，他在中央党校作了三次经学史的演讲，前两次毛泽东都亲临听讲，第三次因病未去，范文澜随后把演讲提纲呈送给毛泽东审阅。毛泽东细读提纲后异常兴奋，心中明晓共产党终于有了自己的经史学家，能运用马克思主义史观清算经学，这对于当时国共两党关于经学问题的意识形态争执可谓至关重要，他亲笔给范文澜去信，鼓励其用马克思主义史观系统批判经学领域的相关代表人物，为夺取当前针对复古反动的思想斗争贡献史学力量。根据毛泽东的建议，范文澜逐渐开始用马克思主义系统清算经学历史。

①　逄先知主编《毛泽东年谱（1893—1949）》中卷，中央文献出版社，2013，第 194 页。

第一，运用马克思主义唯物史观系统研究经学。就在当年发表的《中国经学史的演变》前言中，范文澜谦逊地说批判经学的武器即马列主义，自己还未能窥见途径更谈不到正确运用，故此提纲一定会有问题错误存在，希望学界友人能够给予批评指正。在面对清代乾嘉学派以来之经学考据问题时，范文澜对其形而上学的思维方法提出批评："乾嘉考据学正是这样的一种学问，它在训诂名物方面，确有丰富的成就，可是当涉及较大的典章制度需要作一些历史的说明时，便显得无能为力，更不必期待它能发现什么历史发展的规律了。"① 这即指出乾嘉考据之学缺乏一种历史观。特别是针对胡适等人的所谓纯学术态度，范文澜提出了尖锐批评："一些人守住'纯学术'的堡垒，以为考据是学术、是史学，运用马克思主义来研究历史，只是一种政治论文或宣传文字，不能算是学术。这是完全谬误的想法。作如是想的人，无疑是中胡适毒甚深。"② 实事求是地讲，此时范文澜马克思主义的理论修养还不算太高，但他已逐渐脱离旧学窠臼，并开始服膺马克思主义，力图运用唯物史观来系统阐释中国传统经学。

第二，对清末民初的经学家进行了严肃认真之批评。对于毛泽东信中提及的康有为、梁启超、章太炎、胡适，廖平、吴虞、叶德辉等经学家，范文澜一一作了回应。对叶德辉以"世道人心"为己任，范文澜提出尖锐批评，认为其实际行为恰恰是"世道人心"不堪问的拥护封建统治的土豪劣绅。相比于叶德辉，康有为、梁启超

① 《看看胡适的"历史的态度"和"科学的方法"》，《范文澜历史论文选集》，第 244 页。
② 《看看胡适的"历史的态度"和"科学的方法"》，《范文澜历史论文选集》，第 262 页。

等人代表了相对进步的资产阶级思想家，利用今文经学改革政治，只是康有为以"保皇""复辟"被人唾骂而终其身，梁启超以"政客""官僚""教授"了却一生，亦不能逃离失败之命运。而胡适、吴虞等人，虽都是五四新文化新秀，但要么厌弃经学而别有主张，要么解甲归田私下已与孔家店讲和。而对廖平，他给出了较高评价，认为他是新文学大师，对经学作了六次大变，但最终还是不能挽救经学之颓势。由此他认为经学至此，已穷途末路。特别值得注意的是范文澜对其师尊章太炎之评价。早年受教于章氏门人，深得章门师承，可以说范文澜对章太炎之评价包含了矛盾两难的心态。首先他高度肯定章太炎的"反满"革命性："江浙学人章太炎、刘师培等人创办的《国粹学报》，以排满复汉为宗旨。在学报里，讲史学主要是宣传排满，讲经学主要是提倡复汉……早期代表人物并无学术应该和政治脱离的说法。"① 但他又强调章太炎的"反满"革命性并非来源于俗见之古文经学，而是来源于黄宗羲以来一脉相承之浙东史学传统："古文学派中最后的一个代表人物是章炳麟。他是清末古文经学的代表。古文经学是学而不思，很难引伸出革命的思想来的。古文学派中曾出现了许多进步的历史人物，如王充作《论衡》，范缜作《神灭论》，何承天作《轮回说》，范晔作《无鬼论》，柳宗元作《天说》，等等，但这只能说明，从古文经学中可以引伸出进步思想。从古文经学中引伸出政治上革命的思想来是很难的。章太炎虽然是革命分子，但他的革命思想与古文经学没有关系，他主要是受黄宗羲

① 　《历史研究必须厚今薄古》，《范文澜历史论文选集》，第 223 页。

浙东学派反满思想的影响。"① 其次，他对作为革命元老的章太炎入
民国后之表现甚为不满："章炳麟入民国后，政治上碌碌无所表见，
学术上反对甲骨文（因为古文学的坚固堡垒《说文解字》发生动
摇），反对白话文（白话文是五四运动两大旗帜之一），那末，他
依然保守着他的封建顽固性。"② 甚至认为他晚节不保："近世革命运
动中，章太炎曾经革过满清的命，但是晚节不终，不能算是真正革
命者。"③

第三，共产党人须用历史唯物主义之客观态度对待经学。国民党
用政治高压态度，利用各种办法强制推行尊孔读经，结果只是"小和
尚念经，有口无心"，徒增青年学生之"头痛烦恼"。在范文澜看来，
必须坚持毛泽东所言"必须尊重自己的历史，决不能割断历史"之历
史唯物主义态度。范文澜特别强调研究民族历史文化必须有自己的史
观："一般学习历史的人，特别是做'纯学术'的人，往往以为学历史
无须学哲学。"④ 史观问题对于共产党人而言至关重要："中国共产党是
实践马列主义的政党，它不会利用封建文化来欺骗青年，也不会无视
历史事实而一笔抹煞。它要用马列主义的尺度，估量中国传统文化的
价值，批判地采取优秀部来丰富中国无产阶级的新文化。"⑤ 注重从
数千年厚重的历史文化传统中汲取营养。

与此同时，对于"六经皆史"论从章学诚到章太炎的历史演

① 《经学讲演录》，《范文澜历史论文选集》，第 336 页。
② 《中国经学史的演变》，《范文澜历史论文选集》，第 295 页。
③ 《如果死者能立在山上看的话》，《范文澜全集》第 10 卷，第 30 页。
④ 《看看胡适的"历史的态度"和"科学的方法"》，《范文澜历史论文选集》，第 263 页。
⑤ 《中国经学史的演变》，《范文澜历史论文选集》，第 298 页。

变，范文澜对其中所蕴含所体现之方法论了然于心。首先，范文澜继承了从章学诚到章太炎"礼时为大"的法时王之思想。在他看来，"学古代史的读了近代史，学近代史的读了古代史，如果不读今天的历史，那还是坐在'禁闭室'里。今天的历史，主要就是《人民日报》。在《人民日报》上，党中央的文件和重要的社论，自然是解决中国当前具体问题的马克思列宁主义，就是其他文章，也有很多是含有马克思列宁主义的"。[①] 其次，对章学诚之"固贵约六经之旨而随时撰述以究大道"，章太炎之"经典所论政治，关于抽象者，往往千古不磨"，范文澜亦将其与学习马克思主义立场、观点、方法相结合，融合二者到了炉火纯青之境界。范文澜对二章方法论之总结，以下这句话堪称精辟："我们要从经典著作里学习研究历史的立场、观点和方法，更要从今天的历史里学习研究历史的立场、观点和方法。"[②] 把学经典与当下历史实践结合起来。在范文澜看来，学习马克思主义亦如此，既不能把马克思主义当成教条，又应该用心学习领会贯穿其中的立场、观点与方法。他认为马克思列宁主义的经典著作很多，这都是解决具体问题的记录（亦即与六经皆史类似，章学诚即认为六经皆器），都是将普遍规律和特殊规律密切结合起来解决问题的方法。学习马列经典著作，一定要区别普遍规律与特殊规律："学习马克思主要要求神似，最要不得的是貌似。学习理论是要学习马克思主义处理问题的立场、观点和方法。学了之后，要作为自己行动的指南，把马克思主义理论和实践联系

---

① 《历史研究中的几个问题》，《范文澜历史论文选集》，第 216 页。
② 《历史研究中的几个问题》，《范文澜历史论文选集》，第 216 页。

起来，也就是把普遍真理和当前的具体问题密切结合，获得正确的解决。问题的发生新变无穷，解决它们的办法也新变无穷，这才是活生生的富有生命力的马克思主义，这才是学习马克思主义得其神似。貌似是不管具体实践，把书本上的马克思主义词句当作灵丹圣药，把自己限制在某些抽象的公式里面，把某些抽象的公式不问时间、地点和条件，千篇一律地加以应用。这是伪马克思主义，是教条主义。"① 最后，对浙东史学知行合一之宗旨，对从章学诚到章太炎注重实践之传统，范文澜一以贯之。这从他对清初朴实学风之服膺，与对乾嘉学派脱实向虚之不满，可窥见一斑："人心不死，民族有复兴的一天。所以清初期学风，注重经史，读书与抗满联结，著述与实践（致用）一致，可称考据学派的启蒙时期。乾嘉两朝，学者为考据而考据，学术完全脱离实际生活，可称考据学派的极盛时期。"② 因此，面对近代中国深重之民族危机，范文澜始终坚持不能为学术而学术，学术内生于政治，在中国问题之语境下，政治与学术始终是孪生兄弟。范文澜的经史观始终坚守学思结合，心系民族危亡，不离实践。"《论语》中有两句话：'学而不思则罔，思而不学则殆。'汉学是学而不思，死记师说，不知其义。宋人则思而不学，光去空想，不读书。王阳明坐在竹子旁边格物，结果格出病来了，就是典型例子。清人想把学与思结合起来。顾炎武讲经学，黄宗羲讲史学。一是清代经学的开创者，一是清代史学的开创者。他

---

① 《历史研究中的几个问题》，《范文澜历史论文选集》，第208页。
② 《中国通史简编》（下），《范文澜全集》第8卷，第655页。

们做学问，可以说是学、思结合，为救亡而读书。"[1] 由此可见，范文澜虽坚持马克思主义唯物史观，但因深受浙东史学传统之师承影响，在烽火连天的抗战年代，他把马克思主义与传统经史论融会贯通，大力推进了马克思主义中国化之理论进程，最终把它落实于抗战救国的革命实践之中。

---

[1]　《经学讲演录》，《范文澜历史论文选集》，第330页。

第三章

马克思主义中国化
——毛泽东的"经史观"

1917 年，范文澜从北大国学门毕业，留校担任其绍兴同乡蔡元培校长的私人秘书，与其同庚的毛泽东不久亦到北大图书馆工作。就在范文澜抵达延安前后，中国共产党在意识形态领域面临空前棘手的理论斗争，必须同时在两条战线作战：一方面要反对党内严重的教条主义，另一方面又要应对国民党掀起的复古思潮。前者是中国共产党人自身面对的党内"经史"问题，即马克思主义（经）与中国历史实践（史）之关系；后者是要与国民党争夺关于中国经史观的正统解释权。尤其是前者，可谓关乎中国共产党生死存亡的大问题，如何使党内的经史问题得到正确恰当之处理，亦即马克思主义中国化如何能真正在党内生根发芽，成为党内共识，进而凝聚人心，这考验着共产党人的政治智慧，而此重任无疑落在了毛泽东身上。

　　毛泽东自幼接受经史教育："我是家庭中的'学者'。我熟读经书。"①熟读儒家经典，"我过去读过孔夫子，五经四书，读了六年。背得，可是不懂。那时很相信孔夫子，还写过文章"。②加之生长于湖湘大地，不可避免地受到以王船山、魏源、曾国藩、谭嗣同、杨昌济等为代表传承的湖湘文化影响，对中国传统经史之演变虽谈不上有专

---

①　斯诺：《毛泽东自传》，《早年毛泽东：传记、史料与回忆》，三联书店，2011，第 5 页。
②　《听毛泽东谈哲学》，《龚育之回忆"阎王殿"旧事》，江西人民出版社，2008，第 222 页。

门深入研究,却也并不陌生。① 马克思主义中国化命题要想真正彻底实现,既需要马克思主义经典文献的理论素养,又需要有中国传统经史之深厚功底,以及对中国社会政治问题即国情之切实把握,而这三者在延安时期的毛泽东身上无疑都已具备,他把三者之融会贯通发挥得淋漓尽致。正如其青年时期至交萧三所作十分精辟之评论:"毛泽东同志批判地接受了中华民族几千年以来的文化传统。他是中国优秀文化之集大成者。他继承了发扬了中华民族的文化思想。马克思主义、历史唯物论和辩证唯物论大大地帮助了毛泽东同志整理了这个民族思想,使之更加强了、提高了、科学化了。假如没有马克思主义,这个整理、加强、提高和科学化中国民族文化的工作是不可能的。另一方面,假如没有对中国历史文化最深刻的了解,没有对中国民族文化最好的修养,和假如没有丰富的中国社会知识与丰富的斗争经验,就绝不能很好地、创造性地接受马克思主义,领会它,精通它,并使它系统地中国化。"② 对于马克思主义和中华文明,毛泽东都十分恭敬,在其深厚的理论素养和丰富的革命实践斗争经历中,使其"化"得彻头

---

① 毛泽东学生时代在给挚友萧子升的信中曾言:"右经之类十三种,史之类十六种,子之类二十二种,集之类二十六种,合七十有七种。据现在眼光观之,以为中国应读之书止乎此。苟有志于学问,此实为必读而不可缺。然读之非十年莫完,购之非二百金莫办。……惟此种根本问题,不可以不研究。故书之以质左右,冀教其所未明,而削其所不当,则幸甚也。"见《致萧子升信》,《毛泽东早期文稿》,湖南人民出版社,2008,第32页。

② 萧三:《毛泽东的青少年时代和初期革命活动》,《早年毛泽东:传记、史料与回忆》,第86页。

彻尾，进而使中国共产党有条不紊地逐步推进马克思主义中国化，[①]成为党内高度认同的权威意识形态。延安时期刘少奇曾这样称赞毛泽东对马克思主义中国化的伟大创造精神："要使马克思主义系统地中国化，要使马克思主义从欧洲形式变为中国形式……这乃是一件特殊的、困难的事业。这决不是如某些人所想的，只将马克思主义的著作加以熟读、背诵和摘引，就可成功的。……不是别人，正是我们的毛泽东同志，出色地成功地进行了这件特殊困难的马克思主义中国化的事业。这在世界马克思主义运动的历史中，是最伟大的功绩之一，是马克思主义这个最好的真理在四万万七千五百万人口的民族中空前的推广。这是特别值得感谢的。我们的毛泽东同志，不只是中国有史以来最伟大的革命家和政治家，而且是中国有史以来最伟大的理论家

---

① 　毛泽东一生十分注重禅宗，禅宗是佛教中国化之典范，这可能从方法论上对他推进马克思主义中国化有启示。据著名学者任继愈回忆，1959 年 10 月 13 日，毛泽东在与其谈话中多次提及禅宗："古人有很多东西我们都值得学。禅宗的独创精神，成佛不要去西天。""我看梁启超的《佛学研究十八篇》，有些地方还有可取之处，但他没有讲清楚。你写的佛教禅宗的文章我也看了。对于禅宗，我没有什么特别的看法，我完全同意你的意见。禅宗是主观唯心主义，完全抹杀它，是不行的。""王阳明接近禅宗，陆象山不太纯。（意思说不十分像禅宗）"毛泽东对陈伯达说："禅宗的《坛经》你们看过没有？我早说过，要你们找来看看。继愈同志的文章你们看过没有？你们可以找来看看，很容易看。"接着他背了几段《坛经》，并作讲解。参见任远、任重《父亲任继愈与毛泽东的一次谈话》，《中华读书报》2016 年 8 月 21 日。秘书林克更是道出了毛泽东如此重视禅宗的秘密："对禅宗更为关注，对禅宗六祖慧能尤其欣赏，《六祖坛经》一书，他经常带在身边。""慧能自幼辛劳勤奋，在建立南宗禅时与北宗禅对峙，历尽磨难的经历，他不屈尊于至高无上的偶像，敢于否定传统的规范教条，勇于创新精神，以及把外来的宗教中国化，使之符合中国国情，为大众所接受等特征。在这方面与毛泽东一生追求变革、把马克思主义原理同中国革命实践相结合的性格、思想、行为，颇多相通之处，所以为毛泽东称道。毛泽东言谈幽默诙谐，有些话含蕴颇深，值得回味，不能说与禅宗全然无涉。"参见林克《我所知道的毛泽东——林克谈话录》，中央文献出版社，2002，第 140—141 页。

和科学家，他不但敢于率领全党和全体人民进行翻天覆地的战斗，而且具有最高的理论上的修养和最大的理论上的勇气。他在理论上敢于进行大胆的创造，抛弃马克思主义理论中某些已经过时的、不适合于中国具体环境的个别原理和个别结论，而代之以适合于中国历史环境的新原理和新结论，所以他能成功地进行马克思主义中国化这件艰巨的事业。"① 就在整风运动刚开始的 1941 年 5 月，在《改造我们的学习》一文中，毛泽东明确指出："中国共产党的二十年，就是马克思列宁主义的普遍真理和中国革命的具体实践日益结合的二十年。"为了中国革命能继续前进直至胜利，毛泽东始终思考着党内的经史关系问题，即马克思主义之经与中国革命实践之史的关系，并充满自信地说："马克思列宁主义的普遍真理一经和中国革命的具体实践相结合，就使中国革命的面目为之一新。"② 但毛泽东亦深知，马克思主义中国化并非能一蹴而就，要得以彻底实现，无论在历史、理论上，还是实践上，都必须付出艰辛持久之努力："马克思主义中国化问题，不能说马克思主义早已中国化了。马克思主义是普遍的东西，中国有特殊情况，不能一下子就完全中国化。"③

一　反对教条主义：毛泽东的"经学观"

中国共产党一经成立，就把马克思主义作为自己的指导思想，把

---

① 　《论党》，《刘少奇选集》上卷，人民出版社，1981，第 335—336 页。
② 　《改造我们的学习》，《毛泽东选集》第 3 卷，人民出版社，1991，第 795—796 页。
③ 　逄先知主编《毛泽东年谱（1893—1949）》中卷，第 151 页。

马克思、恩格斯、列宁等著作尊为经典。毛泽东是马克思主义者，但他并不迷信老祖宗："要使我们的同志认识到，老祖宗也有缺点，要加以分析，不要那样迷信。"[①] 伴随党内右倾投降主义、"左"倾机会主义路线愈演愈烈，在经历大革命惨败后，毛泽东逐渐觉察到党内对待马克思主义的态度，存在较为严重的教条主义倾向。[②] 20 世纪 30 年代，他具体针对井冈山斗争中红军内部出现的严重教条主义现象，写了《反对本本主义》。此文虽是一剂猛药，但我们党内当时的负责同志受教条主义思想毒害之深，非一篇文章所能撼动，对马克思主义的教条主义态度并未得以纠偏，进而朝着正确方向发展。伴随党内最高领导权实际被留苏的教条主义者掌握，党内不顾国情之实际而出现的"左"倾机会主义错误空前严重，从红军反"围剿"之失败被迫长征开始，共产党在城市工作中苦心经营之家底和在农村地区来之不易的革命根据地几乎全部失去。形势异常严峻，关乎生死存亡。1942年 3 月 2 日，在中央白区工作会议上，毛泽东总结了党创立以来所犯之教条主义错误："中国有两个教条，一是旧教条，一是洋教条，都是思想上的奴隶。五四运动打破了旧教条的奴役，是一个重大的启蒙

---

① 《在成都会议上的讲话》，《毛泽东文集》第 7 卷，人民出版社，1999，第 370 页。

② "教条主义的特点，是不从实际情况出发，而从书本上的个别词句出发。它不是根据马克思列宁主义的立场和方法来认真研究中国的政治、军事、经济、文化的过去和现在，认真研究中国革命的实际经验，得出结论，作为中国革命的行动指南，再在群众的实践中去考验这些结论是否正确；相反地，它抛弃了马克思列宁主义的实质，而把马克思列宁主义书本上的若干个别词句搬运到中国来当做教条，毫不研究这些词句是否合乎中国现时的实际情况。因此，他们的'理论'和实际脱离，他们的领导和群众脱离，他们不是实事求是，而是自以为是，他们自高自大，夸夸其谈，害怕正确的批评和自我批评，就是必然的了。"《关于若干历史问题的决议》，中共党史出版社，2013，第42 页。

运动。大革命失败后,我们党犯了洋教条的毛病,现在开展反主观主义、宗派主义和党八股的整风运动,同样是一个重大的启蒙运动,许多干部中毒很深,需要做启蒙工作。"[1] 因此,毛泽东旗帜鲜明地指出:"教条主义的'马克思主义'并不是马克思主义,而是反马克思主义的。"[2] 在经过遵义会议获得实际军事指挥权,领导红军胜利到达陕北后,毛泽东就开始系统思考党应如何对待自身的"经"即马克思主义之问题。

首先,要尊"马经",认真学习马克思主义经典。"马克思列宁主义的著作我们要研究,这些人是我们的祖宗。"[3] 毛泽东选择马克思主义为信仰后,便终生不渝。在同斯诺谈话中他曾述及信仰确立之过程:"有三本书特别深刻地铭记在我的心中,使我树立起对马克思主义的信仰。我接受马克思主义,认为它是对历史的正确解释,以后,就一直没有动摇过。这三本书是:陈望道译的《共产党宣言》,这是用中文出版的第一本马克思主义的书;考茨基著的《阶级斗

---

① 逢先知主编《毛泽东年谱(1893—1949)》中卷,第 366 页。1940 年 3 月,王明把写于 1931 年、集中反映他"左"倾错误观点的《为中共更加布尔什维克化而斗争》一书在延安刊印了第三版,极力散播其影响。针对王明这一挑战性的行动,应怎样对待党历史上的教条主义问题迫切地摆到毛泽东面前。"王明的小册子在延安印了第三版后,毛泽东就从一九四〇年下半年开始,亲自主持收集、编辑和研究中国共产党在六大以来的主要历史文献。他对编辑这部历史文献集十分认真,花了不少工夫。在这个过程中,毛泽东读到许多他过去在中央苏区时没有看到过的材料,使他对问题有了一个系统的了解和认识,更深刻地感受到教条主义对中国革命的严重危害。"见中共中央文献研究室编《毛泽东传》第 2 卷,中央文献出版社,2011,第 635 页。

② 《在延安文艺座谈会上的讲话》,《毛泽东选集》第 3 卷,第 874 页。

③ 中共中央文献研究室编《毛泽东年谱(1949—1976)》第 6 卷,中央文献出版社,2013,第 181 页。

争》，以及柯卡普著的《社会主义史》，到了一九二〇年夏天，我已经在理论上和在某种程度的行动上，成为一个马克思主义者，而且从此我也自认为是一个马克思主义者了。"①毛泽东把马克思主义的理论精华即唯物史观作为指导自己行动的哲学，"唯物史观是吾党哲学的根据，这是事实，不像唯理观之不能证实而容易被人摇动"。② 在党的六届六中全会上，毛泽东作了《论新阶段》的政治报告，其中谈到马克思主义时，首先强调了马克思、恩格斯、列宁、斯大林的理论，是"放之四海而皆准"的理论。甚至新中国成立后，他在读苏联《政治经济学教科书》时仍然强调："我们党里有人说，学哲学只要读《反杜林论》、《唯物主义和经验批判主义》就够了，其他的书可以不必读。这种观点是错的。马克思这些老祖宗的书，必须读，他们的基本原理必须遵守，这是第一。"③作为一个彻底的马克思主义者，毛泽东用一生革命斗争实践真正捍卫着马克思主义之"经"的崇高地位。

其次，虽然尊奉"马经"，但并未造神把马克思捧上神坛，而是实事求是地评价马克思的历史地位。"不要让死人牵着我们活人的鼻子

---

① 《毛泽东一九三六年同斯诺的谈话》，人民出版社，1979，第 39 页。就在 1920 年春，毛泽东给挚友周世钊的信中还曾坦言："老实说，现在我于种种主义，种种学说，都还没有得到一个比较明了的概念，想从译本及时贤所作的报章杂志，将中外古今的学说刺取精华，使他们各构成一个明了的概念。有功夫能将所刺取的编成一本书，更好。"见《致周世钊信》，《毛泽东早期文稿》，第 428 页。

② 《给蔡和森的信》，《毛泽东文集》第 1 卷，人民出版社，1993，第 4 页。

③ 《读苏联〈政治经济学教科书〉的谈话（节选）》，《毛泽东文集》第 8 卷，人民出版社，1999，第 109 页。

走。"① 在与外宾谈到马列主义与中国问题相结合时，毛泽东如是说。他虽把马克思主义视为终生信仰，但并不迷信马克思，并非像宗教徒对待先知、教主那样去对待马克思，而是把马克思始终视为尘世中的活生生的人，存在于一定的社会组织关系之中。早在井冈山斗争时期，他就鲜明指出马克思不是算命先生，不能预卜未来："我们说马克思主义是对的，决不是因为马克思这个人是什么'先哲'，而是因为他的理论，在我们的实践中，在我们的斗争中，证明了是对的。我们的斗争需要马克思主义。我们欢迎这个理论，丝毫不存什么'先哲'一类的形式的甚至神秘的念头在里面。"② 同时，马克思主义不是宗教，"那些将马克思列宁主义当宗教教条看待的人，就是这种蒙昧无知的人。对于这种人，应该老实地对他说，你的教条一点什么用处也没有"。③ 直至新中国成立后，毛泽东仍反复告诫全党："要使我们的同志认识到，老祖宗也有缺点，要加以分析，不要那样迷信。"④ 毛泽东一生都保持着革命理想主义与革命浪漫主义，革命斗争精神韧劲十足，在他眼里虽然马克思、列宁等都算是伟人，但他仍不承认有什么先知先觉的天才、圣人，"世界上没有天生的圣人。到了社会主义社会，也还是没有什么'先知

---

① 《毛泽东年谱（1949—1976）》第 6 卷，第 181 页。

② 《反对本本主义》，《毛泽东选集》第 1 卷，第 111 页。早在建党之前的社会主义讨论时期，李季就在《新青年》上撰文指出："马昂两氏固然是近世科学的社会主义之始祖；他们两人固然有许多独具只眼的见解；然他们也同是圆颅方趾的人类，并不是什么'神'。当他们著书立说的时候，为当时的环境所限，他们依照这种环境的趋势，推测将来的情形，后来时过境迁，自然是有些不大中肯的地方。"见李季《社会主义与中国》（1921 年 1 月 4 日），新青年社编辑部编《社会主义讨论集》，上海三联书店，2014，第 317 页。

③ 《整顿党的作风》，《毛泽东选集》第 3 卷，第 820 页。

④ 《在成都会议上的讲话》，《毛泽东文集》第 7 卷，第 370 页。

先觉'"。①因此，他始终把马克思当成一个历史人物看待，直到新中国成立后与人座谈时，他还从历史发展的眼光把马克思与孔夫子作类比："几千年以后看马克思，就像现在看孔夫子。"②在中共八大二次会议上讲话时，实事求是地评价了马克思："怕马克思，我在成都会议上讲过不要怕嘛。列宁说的和做的许多东西都超过了马克思，如《帝国主义论》，还有马克思没有做十月革命，列宁做了。马克思没有做过中国这样大的革命，我们的实践超过了马克思，实践当中是要出道理的。这种革命的实践，反映在意识形态上，这就是理论。不要妄自菲薄，不要看不起自己。"③总之，在毛泽东眼里，既不造神把马克思神化，亦未把马克思当成外国人而不尊敬，而是实事求是地评价马克思的历史地位。"他研究了自然，研究了历史，研究了无产阶级革命，创造了辩证唯物论、历史唯物论和无产阶级革命的理论。这样，马克思就成了一个代表人类最高智慧的最完全的知识分子。"④马克思是毛泽东眼里的历史巨人，但巨人亦只是人而非神。

再次，对于马克思主义经典，强调不可泥于具体字句与个别结论，而要知晓其要义即贯彻其中的立场、观点、方法。延安时期，针对党内存在的十分严重的教条主义现象，毛泽东旗帜鲜明地说："要分清创造性的马克思主义和教条式的马克思主义。"并认为这些教条式的马克思主义，"这些主观主义者自称为'国际路线'，穿上马克

①　《读苏联〈政治经济学教科书〉的谈话（节选）》，《毛泽东文集》第 8 卷，第 118 页。

②　《工商业者要掌握自己的命运》，《毛泽东文集》第 6 卷，人民出版社，1999，第 490 页。

③　中共中央文献研究室编《毛泽东年谱（1949—1976）》第 3 卷，中央文献出版社，2013，第 345 页。

④　《整顿党的作风》，《毛泽东选集》第 3 卷，第 817 页。

思主义的外衣，是假马克思主义"。①1940 年，关于中国经学问题，毛泽东专门致信历史学家范文澜，要求其"用马克思主义清算经学"，并强调这是"目前思想斗争的第一任务"。原因即在于经学方法统治了中国思想数千年之久，贻害甚大，必须对其彻底清算。一方面，中国共产党要建立民族的、科学的、大众的新文化，就必须彻底打倒传统经学之权威统治地位；另一方面，当时国民党反动政府推动的尊孔读经复古运动十分猖獗，必须运用马克思主义对其进行思想斗争，争夺文化领导权。但在毛泽东看来，其中更为隐蔽且更为致命的是，经学方法流毒到党内，那就是党内同志特别是那些自称为"理论家"的人，以传统儒生对待六经的思维方法对待马克思主义之经，这即教条主义思维方式之根源所在，是经学方法穿着马克思主义外衣之"借尸还魂"，这是毛泽东最为担心之处。

因此，他在《中国共产党在民族战争中的地位》的政治报告中（收入《毛泽东选集》时有改动），就如何正确学习马克思主义经典，尖锐地指出："不是把他们的理论当作教条看，而是当作行动的

---

① 《反对主观主义和宗派主义》，《毛泽东文集》第 2 卷，人民出版社，1993，第 372 页。著名哲学家冯契先生在评论毛泽东的辩证逻辑思想时，指出实际上党内的教条主义与传统的经学方法如出一辙，有类似的思维逻辑："教条主义是封建经学方法在马克思主义外衣下的重演。"见《冯契文集》第 7 卷，华东师范大学出版社，2016，第 602—603 页。1941 年在延安干部会上，毛泽东明确指出了党八股这种教条主义的形式主义危害："今天我们用马克思主义来批判新八股和新教条主义也是革命的和必需的。如果'五四'时期不反对老八股和老教条主义，中国人民的思想就不能从老八股和老教条主义的束缚下面获得解放，中国就不会有自由独立的希望。这个工作，五四运动时期还不过是一个开端，要使全国人民完全脱离老八股和老教条主义的统治，还须费很大的气力，还是今后革命改造路上的一个大工程。如果我们今天不反对新八股和新教条主义，则中国人民的思想又将受另一个形式主义的束缚。"见《反对党八股》，《毛泽东选集》第 3 卷，第 832 页。

指南。不是学习马克思列宁主义的字母，而是学习他们观察问题与解决问题的立场与方法。只有这个行动指南，只有这个立场与方法，才是革命的科学，才是引导我们认识革命对象与指导革命运动的唯一正确的方针。"① 要想真正学懂弄通马克思主义经典，就不能光是公式地把它当作教条来背诵它，不能只是注意它的个别词句，而是要从马克思主义的立场与方法着眼，把它作为行动之指南。对于教条主义的马克思主义者，毛泽东一针见血地指出其实质就是不动脑筋的偷懒行为："教条主义者是过分的谦虚，照抄外国，你自己干什么？你就不动脑筋。抄是要抄的，抄的是精神，是本质，而不是皮毛。"② 他进一步指出："直到现在，还有不少的人，把马克思列宁主义书本上的某些个别字句看作现成的灵丹圣药，似乎只要得了它，就可以不费气力地包医百病。……马克思、恩格斯、列宁、斯大林曾经反复地讲，我们的学说不是教条而是行动的指南。这些人偏偏忘记这句最重要最重要的话。"③ 同时，对于马克思主义的个别结论，毛泽东认为亦非普遍适用："马克思、列宁关于个别问题的结论做得不合适，这种情况是可能的，因为受当时条件的限制。"④ 马克思主义本身就是一种指导革命实践的科学，而不是为了学术而学术的象牙塔里脱离实践的高深学问。因此，毛泽东还批评了单纯为学习而学习马克思主义的态度："许多同志的学习马克思列宁主义似乎并不是为了革命实践的需要，而是为了单

---

① 《中国共产党在民族战争中的地位》，竹内实编《毛泽东集》第 6 卷，日本株式会社，1983，第 259 页。

② 《毛泽东年谱（1949—1976）》第 3 卷，第 346 页。

③ 《整顿党的作风》，《毛泽东选集》第 3 卷，第 820 页。

④ 《马列主义基本原理至今未变，个别结论可以改变》，《毛泽东文集》第 8 卷，第 2 页。

纯的学习。所以虽然读了，但是消化不了。只会片面地引用马克思、恩格斯、列宁、斯大林的个别词句，而不会运用他们的立场、观点和方法，来具体地研究中国的现状和中国的历史，具体地分析中国革命问题和解决中国革命问题。"[①] 在 1942 年底的中央政治局一次会议上讨论苏联领导人著作时，毛泽东明确指出："这是我们全党的'圣经'，是'圣经'，而不是教条，是可以变化的。"[②] 即使是党内的"圣经"，亦可根据其立场、观点、方法，结合实际条件作出创造性的阐释，而只有公式的教条主义者不知道改变。在比较经验主义和教条主义的危险时，毛泽东认为二者虽都为主观主义，但对党内而言教条主义更为危险，因为教条主义容易装出马克思主义的面孔，吓唬工农干部和青年学生，把他们当作俘虏。只有彻底克服了教条主义，才能既产生真正的理论家，又避免经验主义错误。因此，关于共产党人真正需要的理论家，毛泽东给出了具体而明确的标准："要这样的理论家，他们能够依据马克思列宁主义的立场、观点和方法，正确地解释历史中和革命中所发生的实际问题，能够在中国的经济、政治、军事、文化种种问题上给予科学的解释，给予理论的说明。我们要的是这样的理论家。"[③] 马克思主义之精髓即是贯穿其中的立场、观点和方法。

最后，马克思主义经典不是教条，它并没有结束真理，而是开辟认识真理的道路，是行动的指南。"不要硬搬马克思主义书本上的话，就是它的基本原理，也要当作行动的指南，而不是当作教条。各国党

---

① 《改造我们的学习》，《毛泽东选集》第 3 卷，第 797 页。

② 逄先知主编《毛泽东年谱（1893—1949）》中卷，第 414 页。

③ 《整顿党的作风》，《毛泽东选集》第 3 卷，第 814 页。

应该根据马克思主义原则去创造性地运用，结合各国情况去实行。"①
这即毛泽东"经学观"之核心。毛泽东在中共八大二次会议讲话提纲
中明确指出："马、列是指导，不是教条，教条论是最无出息的，最
可丑的。"②在毛泽东看来，马克思主义本身并非教条，教条主义者其
实没有真正读懂马克思主义。"教条主义是哪里来的？是不是从马、
恩、列、斯那里来的？不是的。他们经常在著作里提醒我们，说他们
的学说是行动的指南，是武器，不是教条。人家讲的不是教条，我们
读后变成了教条，这是因为我们没有读通，不会读，我们能责备他们
吗？"③在延安抗大对学员讲话时，毛泽东特别强调："马克思主义也是
没有完的，马克思主义是空前而不绝后。"④"空前"意味着马克思主义
开辟了人类发展新的正确的方向，"不绝后"意味着马克思主义并不
是封闭的理论，而是开放的科学的理论，伴随实践的深入而不断向前
发展。在他看来，马克思主义并非"万古不变的教条"，并没有穷尽
真理，只要人类历史在向前发展，真理亦会向前发展，马克思主义必
然随之向前发展。列宁曾言："人类思维按其本性是能够给我们提供
并且正在提供由相对真理的总和所构成的绝对真理的。"⑤这即暗含了
人类在历史进程中只能逐步地认识相对真理。社会实践的过程是无穷
的，决定了人的认识过程也是无穷的，这亦内在规定了人类在认识绝

①　《要学习世界各国的先进经验》，中华人民共和国外交部、中共中央文献研究室编《毛
　　泽东外交文选》，中央文献出版社、世界知识出版社，1994，第314页。
②　《毛泽东年谱（1949—1976）》第3卷，第357页。
③　《在中国共产党第七次全国代表大会上的结论》，中共中央文献研究室编《毛泽东在七
　　大的报告和讲话集》，中央文献出版社，1995，第226—227页。
④　逄先知主编《毛泽东年谱（1893—1949）》中卷，第87页。
⑤　《唯物主义和经验批判主义》，《列宁全集》第18卷，人民出版社，1988，第135页。

对真理过程中的相对性，包括马克思在内的人类任何伟人都是身处特定时代之中的，这就决定了认识真理过程之相对性，任何人都不可能掌握绝对真理，只能是认识绝对真理过程中的一部分、一环节。"马克思主义者承认，在绝对的总的宇宙发展过程中，各个具体过程的发展都是相对的，因而在绝对真理的长河中，人们对于在各个一定发展阶段上的具体过程的认识只具有相对的真理性。无数相对的真理之总和，就是绝对的真理。……客观现实世界的变化运动永远没有完结，人们在实践中对于真理的认识也就永远没有完结。马克思列宁主义并没有结束真理，而是在实践中不断地开辟认识真理的道路。我们的结论是主观和客观、理论和实践、知和行的具体的历史的统一，反对一切离开具体历史的'左'的或右的错误思想。"[1] 这与章学诚"六经皆史"论中内含的反对空言著述、离事言理的经学观极其相似，二者都经史并重，强调实践才能不断出真知，这即是毛泽东之真理观。

二　以中国问题为中心：毛泽东的"史学观"

1945 年 4 月 20 日，扩大的六届七中全会举行最后一次会议，审议历史决议草案第三次稿，毛泽东鲜明指出历史决议正确与否的标准不仅在于是否符合马列主义，更在于是否符合人民的利益："决议不但是领导机关内部的，而且是全党性质的，要对全党与全国人民负责的。哪些政策或哪些部分是在群众斗争中证明是适合的，哪些是不对的，如果讲得合乎事实，在观念形态上就再现了党的二十五年的历史，就对于今后的

---

[1]　《实践论》，《毛泽东选集》第 1 卷，第 295—296 页。

斗争有益。正确与错误的标准，虽然要看马、恩、列、斯，但归根结底看是否符合人民利益。"① 由此可见，符合中国人民利益的中国问题意识才是毛泽东首先考虑之关键所在。毫无疑问，作为马克思主义者，作为中国共产党人，"唯物史观是吾党哲学的根据，这是事实"。② 理论方面，毛泽东一生最为重视的问题即史观之建构。无独有偶，经过毛泽东本人选编审定的《毛泽东选集》最后一篇文章《唯心历史观的破产》，即把唯物史观在中国语境中之运用与发挥，展现得淋漓尽致，把其作为选集的收官之作，匠心独运，自有毛泽东深思熟虑之所在。他在文章中深刻指出："马克思列宁主义来到中国之所以发生这样大的作用，是因为中国的社会条件有了这种需要，是因为同中国人民革命的实践发生了联系，是因为被中国人民所掌握了。任何思想，如果不和客观的实际的事物相联系，如果没有客观存在的需要，如果不为人民群众所掌握，即使是最好的东西，即使是马克思列宁主义，也是不起作用的。我们是反对历史唯心论的历史唯物论者。"③ 这段论述可谓马克思主义中国化的思想总纲，其核心问题意识即马克思主义必须与中国问题（中国道路）相结合。二

---

① 《胡乔木回忆毛泽东》（增订本），人民出版社，2014，第 323 页。
② 《给蔡和森的信》，《毛泽东文集》第 1 卷，第 4 页。
③ 《唯心历史观的破产》，《毛泽东选集》第 4 卷，第 1515 页。对于中国人民为何能如此快速地掌握马克思主义，习近平总书记从中国历史文化价值观层面给出了明确回答："马克思主义传入中国后，科学社会主义的主张受到中国人民热烈欢迎，并最终扎根中国大地、开花结果，决不是偶然的，而是同我国传承了几千年的优秀历史文化和广大人民日用而不觉的价值观念融通的。马克思对我国古代农民起义提出的具有社会主义因素的革命口号有过敏锐的观察。他说，'中国社会主义之于欧洲社会主义，也许就像中国哲学与黑格尔哲学一样'。"习近平:《坚持和完善中国特色社会主义制度 推进国家治理体系和治理能力现代化》（2019 年 10 月 31 日在党的十九届四中全会第二次全体会议上的讲话），《求是》2020 年第 1 期。

者何以能结合，又如何相结合，则有三个具体方向：一是中国的社会条
件需要，因为当时中国病急乱投医，向西方寻找各种真理但都不见效，
甚至还有重回老路之复辟危险，"日趋崩溃，向下沉沦"之中国社会迫切
需要适合解决中国问题之药方，以求药到病除，进而实现革命建国统一
稳定之夙愿；二是革命实践之联系，马克思主义传入中国之时，中国正
在进行"打倒列强除军阀"的艰苦卓绝的革命斗争实践，迫切需要一个
科学有力的革命理论之指导，就在中华民族内忧外患深重的风云变幻之
际，在马克思主义同中国工人运动相结合之进程中，诞生了中国共产党；
三是中国人民能掌握，因为马克思主义是人民实现彻底自由解放的革命
学说，人民是主体，同时数千年悠久的历史文化传统中所蕴含之民族精
神如大同理想、天下主义等，为马克思主义中国化作了有力的思想铺垫。
三者兼备，这即唯物史观落实于中国大地之上的纲领性方针。

　　首先，中国问题意识是毛泽东唯物史观之中心。马克思曾言：
"理论在一个国家的实现程度，决定于理论满足这个国家的需要的程
度。"[1] 马克思主义虽是放之四海而皆准的真理，但亦必须有植根之社
会土壤。马克思主义之于中国，正如《关于若干历史问题的决议》所
指出的那样："在中国生活和奋斗的中国共产党人学习辩证唯物论和
历史唯物论，应该是为了用以研究和解决中国革命的各种实际问题，
如同毛泽东同志所做的。"[2] 近代以来的中国在帝国主义肆意侵略压迫
下，逐渐沦为半殖民地半封建社会，"日趋崩溃，向下沉沦"之中国
问题始终萦绕在有识之士心中，从洪秀全、严复到康有为、梁启超，

―――――――――

① 《马克思恩格斯全集》第 1 卷，人民出版社，1965，第 462 页。
② 《关于若干历史问题的决议》，第 42 页。

从章太炎、孙中山到陈独秀、李大钊等，都致力于中国问题之解决，毛泽东身在其中受其影响，自然不能例外。早在青年时期，毛泽东虽是赴法勤工俭学运动的坚定支持者和组织者，但在送走挚友后，自己却坚定地选择留在中国。毛泽东曾这样解释道："我觉得我们要有人到外国去，看些新东西，学些新道理，研究些有用的学问，拿回来改造我们的国家。同时也要有人留在本国，研究本国问题。我觉得关于自己的国家，我所知道的还太少，假使我把时间花费在本国，则对本国更为有利。"[①] 在信仰马克思主义以前，毛泽东也曾是康德主义者、无政府主义者，信奉过唯心论、资产阶级民主革命。"社会推动我转入革命。……啥也不懂。进共产党了，革命了。只知要革命。革什么？如何革？当然，革帝国主义，革旧社会的命。帝国主义是什么东西？不甚了了。如何革？更不懂。十三年学的东西，搞革命都用不着。"[②] 这里"十三年学的东西"即指六年之旧学（四书五经）、七年之新学（资产阶级学校）。虽然学的东西用不着，却培养了毛泽东一生的中国问题意识和中国革命精神。因此，在对待马克思主义的态度上，他始终异常清醒，请马克思主义到中国来，是要切实解决中国革命面临的

---

① 中国革命博物馆、湖南省博物馆编《新民学会资料》，人民出版社，1980，第399页。1920年3月14日，在给同学周世钊的信中，毛泽东曾坦露其深谋远虑："世界文明分东西两流，东方文明在世界文明内，要占个半壁的地位。然东方文明可以说就是中国文明。吾人似应先研究过吾国古今学说制度的大要，再到西洋留学才有可资比较的东西。""吾人如果要在现今的世界稍为尽一点力，当然脱不开'中国'这个地盘。关于这地盘内的情形，似不可不加以实地的调查，及研究。这层功夫，如果留在出洋回来的时候做，因人事及生活的关系，恐怕有些困难。不如在现在做了，一来无方才所说的困难；二来又可携带些经验到西洋去，考察时可以借资比较。"见《致周世钊信》，《毛泽东早期文稿》，第428页。

② 《听毛泽东谈哲学》，《龚育之回忆"阎王殿"旧事》，第222页。

094 | 历史与信仰："六经皆史"与马克思主义中国化

迫切问题，就此而言，马克思主义之于中国问题就是一种工具。"要把马克思主义当作工具看待，没有什么神秘，因为它合用，别的工具不合用。资产阶级的唯物主义不合用，只有马克思的唯物主义，就是辩证唯物主义，运用到社会问题上成为历史唯物主义，才合用。马克思创立了许多学说，如党的学说、民族学说、阶级斗争学说、无产阶级专政学说、文学艺术理论等等，也都应当当作合用的工具来看待。"①学习马克思主义不能如书斋中研究那样，不是为了革命实践的需要而只是为了单纯的学习，这样虽然满腹经纶倒背如流，但最终无济于事，害人害己。"虽然读了，但是消化不了。只会片面地引用马克思、恩格斯、列宁、斯大林的个别词句，而不会运用他们的立场、观点和方法，来具体地研究中国的现状和中国的历史，具体地分析中国革命问题和解决中国革命问题。这种对待马克思列宁主义的态度是非常有害的，特别是对于中级以上的干部，害处更大。……在这种态度下，就是抽象地无目的地去研究马克思列宁主义的理论。不是为了要解决中国革命的理论问题、策略问题而到马克思、恩格斯、列宁、斯大林那里找立场，找观点，找方法，而是为了单纯地学理论而去学理论。不是有的放矢，而是无的放矢。……要有目的地去研究马克思列宁主义的理论，要使马克思列宁主义的理论和中国革命的实际运动结合起来，是为着解决中国革命的理论问题和策略问题而去从它找立场，找观点，找方法的。这种态度，就是有的放矢的态度。'的'就是中国革命，'矢'就是马克思列宁主义。我们中国共产党人所以要

---

① 《在广州中央工作会议上的讲话》，《毛泽东文集》第8卷，第263—264页。

找这根'矢'，就是为了要射中国革命和东方革命这个'的'的。这种态度，就是实事求是的态度。"[①] 同时，对于当时流行的一种观点即共产国际负责指导中国问题的同志比中国人更懂得中国，毛泽东给予了有力回击："中国这个客观世界，整个地说来，是由中国人认识的，不是在共产国际管中国问题的同志们认识的。共产国际的这些同志就不了解或者说不很了解中国社会，中国民族，中国革命。对于中国这个客观世界，我们自己在很长时间内都认识不清楚，何况外国同志呢？"[②] 众所周知，早期中国共产党是共产国际的一个支部，同共产国际是领导与被领导的关系，服从共产国际的命令是当时党的纪律规定，强调工人阶级无祖国，崇尚国际主义精神。但毛泽东深知，如果不根据国情一切服从国际，必然不能取得中国革命的胜利，不能使中华民族获得独立解放。共产党人形式上虽是有共产国际的这个上级，而事实上，如毛泽东在延安时期与斯诺的谈话中，把自己内心深处的想法和盘托出："说到共产党，那末，从它诞生的一天起，它就是一个独立的政党，从来也没有一天、半天、一小时或者一分钟放弃过它的独立性，从来也没有向什么个人或什么集团或什么党派屈服过。要共产党屈服，这大概是比上天还要困难些吧？"[③] 因此，在事关彻底解决近代以来所产生的中国问题上，在尊重共产国际和苏联的同时抵制其错误的发号施令，毛泽东始终坚持独立自主的原则，这即是来源于中华民族深层次的自强不息、自尊自信的不屈服于任何外来势力，维护

---

① 《改造我们的学习》，《毛泽东选集》第 3 卷，第 797—801 页。
② 《在扩大的中央工作会议上的讲话》，《毛泽东文集》第 8 卷，第 299—300 页。
③ 《同美国记者斯诺的谈话》，《毛泽东文集》第 2 卷，人民出版社，1993，第 240 页。

国家统一的独立自主民族精神。对于中国问题之把握与革命实践之认识，毛泽东始终坚持中国人自身的主体性，"中国革命斗争的胜利要靠中国同志了解中国情况"。[1]经过长期革命斗争的毛泽东，对此深信不疑。"马克思活着的时候，不能将后来出现的所有的问题都看到，也就不能在那时把所有的这些问题都加以解决。俄国的问题只能由列宁解决，中国的问题只能由中国人解决。"[2]

虽然强调中国人认识和解决中国问题的主体性，但毛泽东认为真正懂得中国问题的实际，是一个非常复杂的问题，随着革命斗争实践的发展，有一个认识逐渐深化之过程，而非如想象的那样能一帆风顺，否则就会走向另一个极端。"抗日时期，我们才制定了合乎情况的党的总路线和一整套具体政策。这时候，中国民主革命这个必然王国才被我们认识，我们才有了自由。到这个时候，我们已经干了二十来年的革命。过去那么多年的革命工作，是带着很大的盲目性的。如果有人说，有哪一位同志，比如说中央的任何同志，比如说我自己，对于中国革命的规律，在一开始的时候就完全认识了，那是吹牛，你们切记不要信，没有那回事。"[3]延安整风时期，他对那种罔顾中国问题、言必称希腊之留声机现象深恶痛绝。"我们研究中国就要拿中国做中心，要坐在中国的身上研究世界的东西。我们有些同志有

---

① 《反对本本主义》，《毛泽东选集》第 1 卷，第 115 页。1961 年 3 月 23 日，在广州中央工作会议上的讲话中，毛泽东反复提及于此，认为这一点相当重要："现在还有不少用处，将来也用得着。中国革命斗争的胜利要靠中国同志了解中国情形，不能依靠外国同志了解中国情形，或者是依靠外国同志帮助我们打胜仗。"毛泽东：《在广州中央工作会议上的讲话》，《毛泽东文集》第 8 卷，第 259 页。

② 《毛泽东年谱（1949—1976）》第 3 卷，第 591 页。

③ 《在扩大的中央工作会议上的讲话》，《毛泽东文集》第 8 卷，第 300 页。

一个毛病，就是一切以外国为中心，作留声机，机械地生吞活剥地把外国的东西搬到中国来，不研究中国的特点。不研究中国的特点，而去搬外国的东西，就不能解决中国的问题。"① 由此，毛泽东认为应该把以中国问题为中心作为党的重大原则确立下来，成为全党遵循的方针。"确立以研究中国革命实际问题为中心，以马克思列宁主义基本原则为指导的方针，废除静止地孤立地研究马克思列宁主义的方法。"② 甚至他把能否掌握中国问题作为衡量干部能力的重要标准。"我们身为中国共产党员，却对于中国问题熟视无睹，只能记诵马克思主义书本上的个别的结论和个别的原理……要定这个规矩，看一个学生学了马克思列宁主义以后怎样看中国问题，有看得清楚的，有看不清楚的，有会看的，有不会看的，这样来分优劣，分好坏。"③ 对于如何认识和评价马克思与孔夫子在当时中国之地位，毛泽东亦始终坚持以中国革命问题为中心。据匡亚明回忆 1942 年在延安与毛泽东的谈话，毛泽东称孔子生在两千多年以前，确是中国历史上一个非常伟大的人物。但孔子毕竟是两千多年前的人物，他的思想中有消极的东西，也

① 《如何研究中共党史》，《毛泽东文集》第 2 卷，第 407 页。
② 《改造我们的学习》，《毛泽东选集》第 3 卷，第 802 页。就在 1941 年 5 月《改造我们的学习》讲话后不久，为落实毛泽东"确立以研究中国革命实际问题为中心"讲话精神，7 月延安马列学院改组为马列研究院（马列学院成立于 1938 年 5 月 5 日马克思诞辰 120 周年纪念日，"是我们党在延安创办的第一所专门学习和研究马列主义理论的学校"。见李维汉《中央研究院的研究工作和整风运动》，温济泽等编《延安中央研究院回忆录》，第 6 页），核心业务由研究马克思主义基本理论变为研究中国历史与现实问题。同年 9 月 8 日中共中央书记处工作会议决定：马列研究院改名中央研究院，成为用马克思主义方法研究中国历史与现实问题的公开学术机关〔见逄先知主编《毛泽东年谱（1893—1949）》中卷，第 326 页〕。由此名称的改变，可以看出当时毛泽东和中共中央"以中国问题为中心"的历史发展脉络。
③ 《整顿党的作风》，《毛泽东选集》第 3 卷，第 814—815 页。

有积极的东西，只能当作历史遗产，批判地加以继承和发扬。对当前革命运动来说，它是属于第二位的东西。第一位的用以指导革命运动的，是马克思主义理论。特别是其时重庆（国民党政府所在地）方面正在大搞什么"尊孔读经"。他们靠孔夫子，我们靠马克思。要划清界限，旗帜鲜明。毛泽东认为对孔夫子，最好暂时沉默，既不大搞批判，也不大搞赞扬。[①]1956 年在修改中共八大政治报告稿时，毛泽东指出："不可能设想，社会主义制度在各国的具体发展过程和表现形式，只能有一个千篇一律的格式。我国是一个东方国家，又是一个大国。因此，我国不但在民主革命过程中有自己的许多特点，在社会主义改造和社会主义建设的过程中也带有自己的许多特点，而且在将来建成社会主义社会以后还会继续存在自己的许多特点。"[②]这段话集中体现了贯穿毛泽东一生的以中国为中心的中国问题意识。对此深有体会的美国政治家基辛格，在评价列宁的革命战略与毛泽东的革命战略之间的差异时明确指出，列宁革命是"世界革命"，毛泽东革命则是"以中国为中心"，"列宁和托洛茨基把他们的革命视为世界革命的导火索。他们相信世界革命即将到来，所以在第一次世界大战中的 1918 年与德国签订了《布列斯特－里托夫斯克和约》退出战争，把俄国三分之一的欧洲领土割让给德国。列宁和托洛茨基认为革命的浪潮很快就会席卷欧洲，冲垮现存的政治秩序，俄国发生的任何事情都会在即将到来的革命中淹没。换了毛泽东，这完全不可想象。他的革命基本上是以中

---

① 参见匡亚明《孔子评传》，齐鲁书社，1985，第 474 页。

② 《对中共八大政治报告稿的批语和修改》（1956 年 8 月 21 日），中共中央文献研究室编《建国以来毛泽东文稿》第 6 册，中央文献出版社，1992，第 143 页。

国为中心的。中国革命若要对世界产生影响，也只能通过中国人民的努力和榜样的力量。毛泽东一直相信中国人民最伟大。他早在 1919 年写的一篇文章中就强调了中国人民独特的品质：我敢说一句怪话，他日中华民族的改革，将较任何民族为彻底，中华民族的社会，将较任何民族为光明。中华民族的大联合，将较任何地域任何民族而先告成功"。①

其次，要善于从丰富复杂的中国实践中总结提升新的中国理论，不断推进马克思主义中国化。毛泽东一直坚决反对用形而上学观点看待马克思主义，把它看成僵死的教条。他反复强调："马克思主义一定要向前发展，要随着实践的发展而发展，不能停滞不前。停止了，老是那么一套，它就没有生命了。"② 由于党内长期被教条主义占据，党的理论应对中国革命实践问题显得苍白无力，对此毛泽东忧心忡忡。"按照中国革命运动的丰富内容来说，理论战线就非常之不相称，二者比较起来，理论方面就显得非常之落后。一般地说来，我们的理论还不能够和革命实践相平行，更不去说理论应该跑到实践的前面去。我们还没有把丰富的实际提高到应有的理论程度。我们还没有对革命实践的一切问题，或重大问题，加以考察，使之上升到理论的阶段。"③ 在反对教条主义的党八股方面，毛泽东十分钦佩鲁迅对新旧八股的坚决斗争，把他视为整风运动的榜样。正如鲁迅所言："八股无论新旧，都在扫荡之列，我是已经说过了；礼拜五六派有新八股性，其余的人也会有新八股性。例如只会'辱骂''恐吓'甚至

---

① 〔美〕亨利·基辛格：《论中国》，第 100 页。
② 《在中国共产党全国宣传工作会议上的讲话》，《毛泽东文集》第 7 卷，第 281 页。
③ 《整顿党的作风》，《毛泽东选集》第 3 卷，第 813 页。

于'判决'，而不肯具体地切实地运用科学所求得的公式，去解释每天的新的事实，新的现象，而只抄一通公式，往一切事实上乱凑，这也是一种八股。"① 长征结束到达延安稍事稳定后，面对复杂严峻的中国革命问题，毛泽东开始系统思考构建创新党的理论。在 1942 年中央学习组的讲话中，他认为列宁善于运用马克思主义，把它与俄国革命的具体实践结合起来，创立布尔什维主义进行十月革命，创造了苏联这样一个从来没有的社会主义国家。他以苏联为喻，目的是鼓励中国同志："我们要按照同样的精神去做。我们要把马、恩、列、斯的方法用到中国来，在中国创造出一些新的东西。只有一般的理论，不用于中国的实际，打不得敌人。但如果把理论用到实际上去，用马克思主义的立场、方法来解决中国问题，创造些新的东西，这样就用得了。"②

毛泽东就是运用这样的方法，通过持之以恒的艰苦的革命斗争实践，创造了一系列（包括农村包围城市、武装斗争、统一战线等在内）以新民主主义理论为总纲的中国理论。革命成功建国，进入社会主义新时代后，他仍这样要求自己和全党同志："任何国家的共产党，任何国家的思想界，都要创造新的理论，写出新的著作，产生自己的理论家，来为当前的政治服务，单靠老祖宗是不行的。只有马克思和恩格斯，没有列宁，不写出《两个策略》等著作，就不能解决 1905 年和以后出现的新问题。单有 1908 年的《唯物主义和经验批判主义》，还不足以对付十月革命前后发生的新问题。适应这个时期革命

① 《伪自由书·透底》，《鲁迅全集》第 5 卷，人民文学出版社，2005，第 111—112 页。
② 《如何研究中共党史》，《毛泽东文集》第 2 卷，第 407—408 页。

的需要，列宁就写了《帝国主义论》、《国家与革命》等著作。列宁死了，又需要斯大林写出《论列宁主义基础》和《论列宁主义的几个问题》这样的著作，来对付反对派，保卫列宁主义。我们在第二次国内战争末期和抗战初期写了《实践论》、《矛盾论》，这些都是适应于当时的需要而不能不写的。现在，我们已经进入社会主义时代，出现了一系列的新问题，如果单有《实践论》、《矛盾论》，不适应新的需要，写出新的著作，形成新的理论，也是不行的。"① 对此毛泽东十分自觉，必须从中国实践中产生中国理论，以此进一步指导中国革命实践。特别是新中国成立后，面对赫鲁晓夫全面批判斯大林后苏联道路所暴露出来之严重问题，毛泽东尖锐地指出："最重要的是要独立思考，把马列主义的基本原理同中国革命和建设的具体实际相结合。民主革命时期，我们吃了大亏之后才成功地实现了这种结合，取得了新民主主义革命的胜利。现在是社会主义革命和建设时期，我们要进行第二次结合，找出在中国怎样建设社会主义的道路。……赫鲁晓夫揭了盖子，我们应该从各方面考虑如何按照中国的情况办事，不要再像过去那样迷信了。其实，我们过去也不是完全迷信，有自己的独创。现在更要努力找到中国建设社会主义的具体道路。"② 毛泽东在中共八大二次会议讲话提纲中明确指出："要产生自己的理论。"③ 无论是新民主主义革命，抑或社会主义革命与建设，毛泽东始终强调必须从新实践中总结新理论，不断丰富和发展中国化马克思主义。

---

① 《读苏联〈政治经济学教科书〉的谈话（节选）》，《毛泽东文集》第 8 卷，第 109 页。
② 《毛泽东年谱（1949—1976）》第 2 卷，第 557 页。
③ 《毛泽东年谱（1949—1976）》第 3 卷，第 357 页。

再次，要将中华民族自身历史文化传统作为方法，纳入社会主义之内容。中国共产党建党伊始，从理论到实践都深受苏联与共产国际影响，特别是列宁、斯大林关于殖民地半殖民地民族解放斗争理论的影响。斯大林对东方各国的民族解放曾明确提出如下要求："我们是在建设无产阶级的文化，这完全是对的。但是无产阶级的文化，其内容是社会主义的，它在被卷入社会主义建设的各人民中，依语言、风俗等等的不同，而采取了各种不同的表现形式和方法，这同样也是对的。内容，是无产阶级的；形式，是民族的——这就是社会主义所走向的全人类的文化。无产阶级的文化并不取消民族的文化，而是给它以内容。反之，民族的文化，也不取消无产阶级的文化，而是给它以形式。"[1]1935 年 8 月 2 日，共产国际总书记季米特洛夫在共产国际第七次代表大会报告中谈到民族文化时亦明确指出："只有无产阶级革命才能使文化不致毁灭，并使其高度繁荣，成为真正的民族文化——形式是民族的，而内容是社会主义的。"[2]延安时期，在系统思考马克思主义中国化过程中，毛泽东深受此理论影响，[3]这突出表现在新民主主义理论中，"中国文化应有自己的形式，这就是民族形式。民族的形式，新民主主义的内容——这就是我们今天的新文化"。[4]根据中国新旧民主主义之具体国情，毛泽东只是把无产阶级的内容换成了新民

---

[1]　斯大林：《论民族问题》，东北书店，1948，第 132 页。

[2]　季米特洛夫：《法西斯主义的进攻和共产国际在争取工人阶级统一、反对法西斯主义斗争中的任务》，王学东主编《国际共产主义运动历史文献》第 57 卷，中央编译出版社，2013，第 447 页。

[3]　1945 年的历史决议中就明确指出，毛泽东"光辉地发展了列宁斯大林殖民地半殖民地的学说和斯大林关于中国革命问题的学说"。见《关于若干历史问题的决议》，第 3 页。

[4]　《新民主主义论》，《毛泽东选集》第 2 卷，第 707 页。

主主义的内容，但并未局限于此，对这种简单的内容＋形式的两张皮式理解马克思主义中国化，毛泽东仍觉得有些隔膜。新中国成立后收入《毛泽东选集》的《中国共产党在民族战争中的地位》一文，有如下一段话："学习我们的历史遗产，用马克思主义的方法给以批判的总结，是我们学习的另一任务。我们这个民族有数千年的历史，有它的特点，有它的许多珍贵品。对于这些，我们还是小学生。今天的中国是历史的中国的一个发展；我们是马克思主义的历史主义者，我们不应当割断历史。从孔夫子到孙中山，我们应当给以总结，承继这一份珍贵的遗产。这对于指导当前的伟大的运动，是有重要的帮助的。"[①]在报告中有两处主要的改动，一是"我们这个民族有数千年的历史"后本来还有一句，"有它的发展法则，有它的民族特点"；二是"从孔夫子到孙中山，我们应当给以总结，承继这一份珍贵的遗产"后还有一句，即"承继遗产，转过来就变为方法"。[②]但新中国成立后

①　《中国共产党在民族战争中的地位》，《毛泽东选集》第2卷，第533—534页。

②　《中国共产党在民族战争中的地位》，竹内实编《毛泽东集》第6卷，第260—261页。毛泽东这里所言的"承继遗产，转过来就变为方法"，与沟口雄三所言的"以中国为方法"，在方法论上十分相似。在沟口雄三看来，以往"以世界为方法，以中国为目的"的中国学有问题，其本质是西方中心主义。以中国为目的，即试图向世界主张中国的地位，这必须以世界为标准与榜样来衡量中国，而这里的"世界"，归根结底就是欧洲，由此世界成了中国的方法。他认为必须把异于欧洲原理、同样作为标准的中国原理提炼出来，使二者能齐头并进，创造出新的世界图景。"以中国为方法的世界，就是把中国作为构成要素之一，把欧洲也作为构成要素之一的多元的世界。……二十世纪是以欧洲为先进的世纪，而二十一世纪则将在亚洲和欧洲齐头并进之中拉开帷幕。并进不是指挤入先进行列，而必须是从先后的纵向原理向并列的横向原理的转换。换言之，对过去的各种原理的反思和再审必须和新的原理的摸索与创造直接相关。把中国作为方法，就是要迈向原理的创造——同时也是世界本身的创造。"见〔日〕沟口雄三《作为方法的中国》，三联书店，2011，第130—133页。沟口雄三指出"以世界为方法"的严重问题，实际上与毛泽东当年面对的问题十分类似。"民族的形式，无

编《毛泽东选集》时,可能考虑当时的现实形势要求,把此论断删除
了。① 但此处删除的原文至关重要,不能含糊放过,它反映了毛泽东
一生的中国方法论问题。就在 1939 年,张申府在读到《论新阶段》政
治报告时高度肯定了毛泽东的此段论述,并写就《论中国化》一文,
文中他异常兴奋地写道:"我们认为这一段话的意思完全是对的。不但
是对的,而且值得欢喜赞叹。由这一段话,更可以象征出来中国最近
思想见解上的一大进步。……我们认为,这一段话的意思与新启蒙运
动的一个要求完全相同。新启蒙运动很可以说就是民族主义的科学民
主的思想文化运动。对于自己传统的东西是要扬弃的。所谓扬弃的意
思,乃有的部分要扬弃,有的部分则要保存而发扬之,提高到一个更

产阶级的内容",实质是把"以世界为方法"之"世界"从"欧洲原理"变成了"苏
联原理",即把中国作为原理摒弃掉,只作为苏联原理之附庸而已。毛泽东所提"承
继遗产,转过来就变为方法"与之相抗衡,力图复兴中国原理本身之地位,以此确保
中国问题能够得以彻底解决。"我们研究中国就要拿中国做中心,要坐在中国的身上研究
世界的东西。我们有些同志有一个毛病,就是一切以外国为中心,作留声机,机械地
生吞活剥地把外国的东西搬到中国来,不研究中国的特点。不研究中国的特点,而去
搬外国的东西,就不能解决中国的问题。"《如何研究中共党史》,《毛泽东文集》第 2
卷,第 407 页。

① 在党的八届九中全会上,针对苏共批评中共提出的马克思主义中国化,毛泽东指出:
"对马列主义中国化,他们也反对,我们无非是把马克思主义、列宁主义的普遍真理
和中国革命的实际相结合,这是一个树干与枝叶的关系,有什么好反对呢!……各国
具体的历史、具体的传统、具体的文化都不同,应该区别对待,应该允许把马克思列
宁主义具体化,也就是说把马克思列宁主义的普遍真理和本国革命的具体实践相结
合。"见吴冷西《十年论战——1956—1966 中苏关系回忆录》上卷,中央文献出版社,
1999,第 450—451 页。据姜义华考证:"极为引人注目的,是毛泽东在编入选集的各
篇文稿中,删去了大量可能被怀疑具有'亲美派'倾向的词句和论述,改动了原先关
于应当发展资本主义的不少论述,增添了向苏联学习的内容。"见姜义华《现代性:中
国重撰》,北京师范大学出版社,2013,第 480 页。

高的阶段。"①张申府明确认为毛泽东所言的中国化与新启蒙运动的民族化精神内涵高度契合。在毛泽东看来，中华民族本身"有它的发展法则"，继承中国文化遗产"转过来就变为方法"，至为重要，它由此表明源远流长的中华文化传统并不仅仅是民族形式的问题，而是关涉民族自身的历史发展规律，本身即为社会主义内容之重要部分。1944年毛泽东在与英国记者斯坦因谈话时即言："没有中华民族，就没有中国共产党。……中国历史遗留给我们的东西中有很多好东西，这是千真万确的。我们必须把这些遗产变成自己的东西。"②1945年5月31日，毛泽东在党的七大结论中明确指出应对国民党的三条原则源于中国历史文化传统，而非一些人主观臆想的马克思主义："我曾经同国民党的联络参谋讲过，我们的原则是三条：第一条不打第一枪，《老子》上讲'不为天下先'，我们不先发制人，而是后发制人。第二条'退避三舍'，一舍三十里，三舍九十里，这是《左传》上讲晋文公在晋楚城濮之战中的事，我们也要采取这样的政策。第三条礼尚往来，这是《礼记》上讲的，礼是讲究往来的，'来而不往非礼也，往而不来亦非礼也'，你来到我这里，我不到你那里去，就没有礼节，所以我们也要到你们那里去。我叫国民党的联络参谋把这三条告诉胡宗南，希望他们也采取'不为天下先'，'退避三舍'，'礼尚往来'的政策，这样就打不起来。他们不喜欢马克思主义，我们说：这是老子主义，是晋文公主义，是孔夫子主义。"③在残酷的斗争实践中，他深知民族特

---

① 张申府：《论中国化》，《什么是新启蒙运动》，三联书店，2014，第143—144页。
② 毛泽东：《同英国记者斯坦因的谈话》，《毛泽东文集》第3卷，第191页。
③ 毛泽东：《在中国共产党第七次全国代表大会上的结论》，《毛泽东在七大的报告和讲话集》，第194—195页。

点之于中国革命的伟大意义,"一个国家总有它的特点,不适合这个特点的东西就行不通"。① 虽然,从延安时期直至苏共二十大,毛泽东碍于中苏两党两国的关系,尽量不提"马克思主义中国化"之类口号,但毛泽东对这种简单用无产阶级"内容"+中华民族"形式"的两张皮机械式理解马克思主义中国化始终不甚满意,力图在理论上有所突破。② "能使马克思主义中国化的教员,才算好教员,要多给津贴。"③ 毛泽东一方面主张马克思主义中国化,强调的主体是马克思之主义;另一方面,1941 年 9 月 10 日,毛泽东在中央政治局扩大会议上指出:"我们要使中国革命丰富的实际马克思主义化。"④ 这段话值得高度重视,明确强调中国马克思主义化,主体是中国,由此"两化"(即马克思主义中国化、中国马克思主义化),方能把中国原理提升至内容之地位,超越内容+形式的体用二分理论框架。1956 年 8 月

① 《毛泽东年谱(1949—1976)》第 3 卷,第 332 页。

② 据胡乔木回忆,新中国成立后毛泽东对《毛泽东选集》中《在延安文艺座谈会上的讲话》一文修改时,对一些提法作了改动,"很重要的改动如对待文化遗产,原来只讲'借鉴',后来改为'继承和借鉴',因为有的文学遗产,就是要继承,如毛主席写旧体诗词,诗体七律,词牌菩萨蛮,这根本谈不到什么借鉴,就是继承。不仅这个,还有语言,就是继承,任何作家离开历史形成的语言传统都不可能写作。语言尽管有创新,但基本是继承,不可能每一个人创造一套语言,那样的文学是不可想象的。……这篇讲话基本上是毛主席自己改的,很认真,也同我谈过,如借鉴和继承问题。"这些改动说明了毛主席对文艺上的某些重要问题作了进一步思考。……关于文学遗产的借鉴与继承问题。原稿的提法是:对古人和外国人的文艺作品,'我们必须批评地吸收,……作为我们的借鉴','但这仅仅是借鉴而不是替代。《毛选》本相应的句子改为:'我们必须继承一切优秀的文学艺术遗产,批评地吸收其中一切有益的东西,作为我们……的借鉴','但继承和借鉴决不可以变成替代自己的创作。'这里虽然主要是加进了'继承'二字,但却是对一个文艺理论问题所作的原则性的变动。因为对文学遗产,有些就是只有继承,根本谈不到是什么借鉴。"见《胡乔木回忆毛泽东》(增订本),第 57—58、264 页。

③ 《反对主观主义和宗派主义》,《毛泽东文集》第 2 卷,第 374 页。

④ 《反对主观主义和宗派主义》,《毛泽东文集》第 2 卷,第 374 页。

24 日同中国音乐家协会负责人谈话时，毛泽东明确指出既要向古人学习、向外国人学习，又要同时反对保守主义、教条主义，两边的好东西都要学到、学好，要把两个半瓶醋变成两个一瓶醋。"这不是什么'中学为体，西学为用'。'学'是指基本理论，这是中外一致的，不应该分中西。"其中之意甚明显，即与西方理论（甚至于马克思主义）一样，中国之"学"中亦包含毫不低于西方的基本理论，这是内容之一，并不仅仅是民族形式而已，"说中国民族的东西没有规律，这是否定中国的东西，是不对的。……中国的东西有它自己的规律"。毛泽东进一步指出，学习西方必须有所改变，"但中国的特点要保存。应该是在中国的基础上面，吸取外国的东西。应该交配起来，有机地结合。……吸收外国的东西，要把它改变，变成中国的。……重视民族的东西，不要全盘西化。……这样道理才能讲通，也才不会丧失民族信心"。最后，毛泽东非常风趣幽默地指出中国化必须"创造中国独特的新东西"，如驴马交配后之新物种，即非驴非马之"骡子"。①此观点得到了当时学术界的积极响应。1957 年 1 月，北京大学哲学系根据党中央提出的"百花齐放，百家争鸣"方针精神，召开了"中国哲学史座谈会"，参加者包括从事中国哲学史、西方哲学史以及马克思主义哲学三方面研究与教学的国内知名专家 100 多人，有学者鲜明

---

① 《同音乐工作者的谈话》，《毛泽东文集》第 7 卷，第 76—83 页。徐特立对毛泽东的"古今中外法"有这样的评价："毛泽东同志提出的古今中外法，就是说我们古代的也要，现在的也要，外国的也要，中国的也要。把古代的变为自己的，和现代的结合起来。把外国的变为自己的，和中国的结合起来。这样看问题才是马列主义的方法。……古今中外法，把古今结合，中外结合，变成我的。像吃牛肉也好，狗肉也好。吃下去了，把它变成我的肉，这就对了，绝不是说吃了狗肉我就变成了狗肉。"中央教育科学研究所编《徐特立教育文集》，人民教育出版社，1986，第 122—123 页。

提出中国哲学自身不仅仅是形式和方法，亦是内容，可以丰富发展马克思列宁主义。其中比较有代表性的，如中国科学院历史研究所魏明经教授认为："在研究和论述中国哲学史时，仅仅把辩证唯物主义与历史唯物主义作为自己的方法还不够，还应做到使这种哲学史本身就是辩证唯物主义与历史唯物主义的发展史。……只有这样的哲学史，才能使马克思列宁主义哲学和中国哲学史相结合，并用中国哲学来丰富马克思列宁主义哲学，使它成为和中国传统文化血肉相连、为中国人民所喜闻乐道的东西。"[①] 北京大学哲学系周辅成教授更是直言："在研究哲学遗产的时候，我们对于祖国哲学的特点，重视不够。我们不能灵活运用马列主义立场、观点、方法，于是马列主义的原则在我们手内，很像一张表格，我们只是在遗产内寻找有无可填入表格的东西。结果，中国哲学史变成了马列主义原则的注解，本身失去相对的独立性，我们的哲学家及其思想，都差不多是从一个模型铸出来的。所有特点，都被取消了。本来，每一时代每一哲学家及其思想，都有自己的特点，也许这就是他的真正贡献所在，而我们寻找哲学史的发展规律，也必须以这些特点为基础。但我们用填表格方法去填，结果，使一切特点都被削去了。在削去这些特点后，于是我们谈规律，也只能是大范围内的总规律。我们便常以这种总规律来代替特有规律。……中国哲学史（或中国哲学问题）应自有特有规律，这个特有规律，也不能用较大范围的一般哲学史的规律来代替。如果混淆了这点，我们便会把中国哲学遗产变成一个没有独立性的东西，好似中国哲学家在

[①] 魏明经：《马克思列宁主义哲学与中国哲学史》，赵修义、张翼星等编《守道1957：1957年中国哲学史座谈会实录与反思》，上海人民出版社，2012，第175页。

几千年前就与西洋哲学家或其他思想家共同在一室内谈问题，而答案则是抄袭别人的，或改头换面的。我在这里，并不是说我们不要较大范围的比较总括的规律，我是说研究哲学遗产，如不注重特有规律，则这种研究是多余的，不但不能丰富比较总括性的规律，而且会使我们手执的原则陷于干枯。我们应该有自己的特有规律，来了解我们遗产的独特性……这不仅是丰富了中国哲学史，而且也会丰富马列主义的世界哲学史。"① 这即明确指出中国历史文化传统不但有自己的规律，并且能用这种规律丰富发展马克思主义基本原理。

　　在这一方面，党内的刘少奇可谓毛泽东思想上的知音。在 1941 年答复孙冶方信中，刘少奇指出："所谓中国党的理论准备，包括对于马列主义的原理与方法及对于中国社会历史发展规律的统一把握。这在中国党的大多数同志不论对哪一方面都还有极大的不够，还是中国党一个极大的工作。"② 党内还有许多同志以为共产党人是可以不顾民族社会历史发展规律的国际主义者，刘少奇对此十分担忧，认为中国历史社会传统本身有其不可更易之规律性，这在党内还未形成共识。因此，他强调与马克思主义一样，中国社会历史发展规律本身亦是中国共产党的重要理论准备之一，对于夺取中国革命胜利而言，它与马克思主义的原理和方法等量齐观。周恩来对于独立于马克思列宁主义的民族历史文化传统亦有深刻认识，1963 年 4 月 24 日在同埃及部长执行委员会主席阿里·萨布里谈话时，在提到中国历史上如己所不

---

① 周辅成：《必须重视祖国哲学遗产的特点和价值》，赵修义、张翼星等编《守道 1957：1957 年中国哲学史座谈会实录与反思》，第 271—272 页。
② 《答宋亮同志》，《刘少奇选集》上卷，第 222 页。

欲勿施于人、不为天下先、礼尚往来、退避三舍等哲学思想后指出,
"我们中国人办事,就是根据这样一些哲学思想。这些哲学思想,来
自我们的民族传统,不全是马列主义的教育",[1] 强调了民族传统的哲
学思想的独立性问题。胡乔木后来深刻地指出:"怎样在发展中把中
国的历史文化与马克思主义有机地结合起来,增加新的内容,使之发
展,做出贡献,确实是个问题。这就涉及到对中国文化怎样分析。不
能把中国传统文化一概说成封建主义的。有些文化是有阶级背景的,
有些则不受或不直接受阶级利益支配。中国文化在中国革命中发挥了
很大作用。中国为什么能接受马克思主义?……中国历史文化与马克
思主义结合,有那些特色?究竟在哪些问题上结合了?还要研究。"[2]
亦明确把中华文明当作马克思主义中国化的内容之一,而不仅仅作为
民族形式。其实在《矛盾论》中,毛泽东已十分明确地指出中国自身
内部所具有的规律性问题:"十月社会主义革命不只是开创了俄国历
史的新纪元,而且开创了世界历史的新纪元,影响到世界各国内部的
变化,同样地而且还特别深刻地影响到中国内部的变化,但是这种变
化是通过了各国内部和中国内部自己的规律性而起的。"[3] 而在《新民
主主义论》中,毛泽东明确指出民族性不是简单的形式,而是包含着
内容:"这种新民主主义的文化是民族的。它是反对帝国主义压迫,主
张中华民族的尊严和独立的。它是我们这个民族的,带有我们民族的

---

① 《中国人办外事的一些哲学思想》,中华人民共和国外交部、中共中央文献研究室编
    《周恩来外交文选》,中央文献出版社,1990,第 328 页。

② 《党史研究中的两个重要理论问题》,《胡乔木谈中共党史》,第 230—231 页。

③ 《矛盾论》,《毛泽东选集》第 1 卷,第 303 页。

特性。它同一切别的民族的社会主义文化和新民主主义文化相联合，建立互相吸收和互相发展的关系，共同形成世界的新文化。"这种中华民族的民族文化作为内容之一，与其他民族的先进文化是相互结合、相互发展的关系，最终共同形成世界的新文化。对于民族特点与民族形式，毛泽东也有过非常隐晦含蓄的区分："中国共产主义者对于马克思主义在中国的应用也是这样，必须将马克思主义的普遍真理和中国革命的具体实践完全地恰当地统一起来，就是说，和民族的特点相结合，经过一定的民族形式，才有用处，决不能主观地公式地应用它。"[1]明确指出马克思主义必须与民族特点（即民族发展规律）相结合，然后经过民族形式应用于中国革命问题中。对此，哲学家冯契作了深刻阐释："在这里有一点必须申明：所谓地域性的特色或民族风格，决不仅是形式方面的问题而已。普通讲到中国气派，常只提到民族形式。其实，形式与内容决不能分成两截，而风格正存在于内容和形式的统一。"[2]亦正如鲁迅所言："内容和形式不能机械地分开，也已经是常识。"[3]因此，民族性是形式，又不仅仅是形式而已。它既体现于形式中，也反映于内容中。只有形式与内容同时得以彰显的民族性，才真正具有强大之生命力。

与此同时，毛泽东特别强调马克思主义与中国历史文化这两个老祖宗之于中国共产党都非常重要，都不能丢。在中共八大二次会议期间的一次谈话中，毛泽东明确指出："我们有两个出生父母，一

---

[1] 《新民主主义论》，《毛泽东选集》第2卷，第706—707页。
[2] 《中西文化的冲突与汇合》，《冯契文集》第9卷，第61页。
[3] 《论"旧形式的采用"》，《鲁迅全集》第6卷，第23页。

个是旧中国，一个是十月革命。"[1] 在收入《毛泽东选集》前的《改造我们的学习》演讲中，毛泽东指出："不论是近百年的（昨天的）与古代的（前天的）中国史，在许多党员的心目中还是漆黑一团。许多马列主义的学者也是言必称希腊，只会记诵马、恩、列、斯的成语，对于自己的祖宗，则对不住，忘记了。"[2] 在毛泽东的思想理论库中，两个老祖宗都是共产党人思想体系的重要来源，要想真正彻底地解决中国问题，必须正心诚意地当好两个老祖宗的小学生。[3] 胡乔木晚年在与中央文献研究室负责起草《毛泽东思想概论》的同志讨论该书提纲时，曾意味深长地说："毛泽东思想和中国历史、中国文化。（注：这个题目，文献室拟的提纲里原来没有）不讲这个不好，只说马克思主义的普遍真理跟中国革命的实际相结合，这不完全。它有一个历史背景，有一个文化背景。这本来很明显，写概论不能回避。"[4] 作为从延安时期就开始担任毛泽东理论秘书的胡乔木，深知毛泽东思想与中国历史、中国文化有其内生性关系，绝不能轻易回避。中国共产党的指导思想当然是马克思主义，但中华民族历史文化

---

① 《毛泽东年谱（1949—1976）》第 3 卷，第 353—354 页。

② 《改造我们的学习》，竹内实编《毛泽东集》第 7 卷，第 313 页。

③ 在这方面，改革开放后我们对毛泽东思想中的中国历史文化因素的提炼和总结与延安时期相比，还有一定距离。有学者指出："刘少奇在中共七大的报告中说得好，毛泽东思想是应用马克思列宁主义的科学方法，'概括中国历史、社会及全部革命斗争经验而创造出来'的，'是中国民族智慧的最高表现和理论上的最高概括'。中共七大对毛泽东思想的说明比今天流行的表述更为全面、准确。今天的表述舍弃了毛泽东思想的丰富历史文化内涵。这反映了我国理论界对毛泽东思想及马克思主义中国化内涵的理解上有偏颇。这种理解上的偏颇直接导致我国马克思主义理论界对中国历史文化研究的忽视。"见许全兴《马克思主义的自我反思与创新》，人民出版社，2019，第 395 页。

④ 金冲及：《一本书的历史：胡乔木、胡绳谈〈中国共产党的七十年〉》，中央文献出版社，2014，第 248 页。

与当代中国社会的丰富实践本身即具有一种方法论意义，以此来丰富
和发展中国化马克思主义。

三 向群众学习：毛泽东的"知行观"

在《实践论》中，毛泽东强调："实践的观点是辩证唯物论的认识
论之第一的和基本的观点。"[①]从王船山、魏源、曾国藩、谭嗣同等以
来所传承的湖湘文化特别注重力戒空谈心性、主张经世致用，如王船
山所倡之"行可兼知，而知不可兼行""知行相资以为用"的知行统
一观，魏源注重"及之而后知，履之而后艰，乌有不行而能知者乎"[②]
的力行哲学，以及曾国藩一生都坚持的"困知勉行""身体力行"等，
毛泽东身处其中从小耳濡目染，这种经邦济世、躬行实践、心系天
下、改造社会的湖湘学术传统深深影响了毛泽东。而其受业恩师杨昌
济尤其重视力行，强调："即知即行，知行合一。……博学、深思、力

---

① 《实践论》，《毛泽东选集》第 1 卷，第 284 页。哲学家贺麟晚年曾这样评价《实践论》
对自己关于中国传统知行关系认识的深刻影响："本人由于受了《实践论》的启示，使
我试用人们的社会实践作为检验真理的标准，因而明白发现了朱熹、王阳明的知行说
的缺陷，而指出他们的学说在社会实践中业已发生的或可能发生的不良影响。使我敢
于初步的否定并批判我素所服膺并受过影响的程朱陆王的学说。毛泽东的《实践论》
从历史发展看，大大超出了由于时代和社会、环境及阶级局限所发生的知行论，而提
高发展为代表无产阶级新民主主义的实践论了。他不像朱熹那样把知行分为二截，也
不像王阳明那样在当下的直觉里或内心的良知里去求知行合一。他乃是在阶级斗争和
社会实践、生产实践里去求理论与实践的辩证统一。他不像孙中山那样去作知行孰难
孰易的比较，他不像朱熹王阳明两人那样皆同陷于重内心生活体验、知先行后的说法，
而提出知识出于实践又为实践证明的实践论。"见贺麟《五十年来的中国哲学》，上海
人民出版社，2019，第 209—210 页。

② 魏源：《古微堂内集·学篇》。

行三者不可偏废。博学、深思皆所以指导其力行也,而力行尤要。力行为目的,而博学、深思为方法。博学而不行,何贵于学?深思而不行,何贵于思?能力行,则博学深思皆为力行之用,不能力行,则博学深思亦徒劳而已矣。且博学与深思亦力行之事也。非真能力行者,学必不能博,思必不能深,故学者尤不可不置重实行也。"① 在形成自己的知行观与实践论过程中,毛泽东明显受其师及湖湘学风之影响,在长沙求学期间的听课笔记与读书札记中曾言:"不行架空之事","不谈过高之理,心知不能行,谈之不过动听,不如默尔为愈","闭门求学,其学无用。欲从天下国家万事万物而学习之,则汗漫九垓,遍游四宇尚已"。② 通过其师杨昌济,青年毛泽东深受王船山思想之影响。毛泽东青年时期曾参与组织"船山学社",作为凝聚青年志友砥砺学术的机构。据友人萧三回忆,"长沙城里曾有人举办过'船山学社',每星期日设座讲学,讲王船山的种种,泽东同志也去听讲。"③ 足见青年毛泽东对王船山的仰慕之情。1937 年在抗日军政大学讲授哲学课写作《矛盾论》《实践论》过程中,毛泽东再次研读过《船山遗书》。"由于手头《遗书》不全,后来还写信给在长沙主持八路军办事处的徐特立,请设法从湖南补齐所缺各册。"④ 甚至于新中国成立后在外出视察时,他指名要带走的书中亦常有"王夫之关于哲学和历史方面的

---

① 《告学生》,《杨昌济文集》,湖南人民出版社,1981,第 365—366 页。
② 《讲堂录》,《毛泽东早期文稿》,第 525、530 页。
③ 萧三:《毛泽东的青少年时代和初期革命活动》,《早年毛泽东:传记、史料与回忆》,第 73 页。
④ 汪澍白:《毛泽东思想与中国文化传统》,厦门大学出版社,1987,第 30 页。

著作"，^①可见其一生都服膺船山之学说。湖湘文化所传承的知行合一此一中国传统哲学之精华，在毛泽东所倡导的实事求是、理论联系实际的学风中体现得淋漓尽致。

首先，注重实践与调查研究。"你要有知识，你就得参加变革现实的实践。你要知道梨子的滋味，你就得变革梨子，亲口吃一吃。"^②在毛泽东看来，马克思主义理论不是凭空产生的，本身就是从实践中来的学说，具有很强的实践性。"马克思主义看重理论，正是，也仅仅是，因为它能够指导行动。如果有了正确的理论，只是把它空谈一阵，束之高阁，并不实行，那末，这种理论再好也是没有意义的。"^③早在湖南学生时代，毛泽东就十分注重通过社会实践，了解中国社会问题之根本，对于当时知识界的自大空虚甚为不满，指出"内面多是空空洞洞，很少踏着人生社会的实际说话"。^④1917 年和 1918 年的两个夏天，他就邀同学一起以暑假游学方式，游历了湖南多个县乡之农村，进行实地考察，广泛接触社会生活。对毛泽东而言，尤其是在成为一个坚定的马克思主义者后，他更加注重把马克思主义的基本理论运用于丰富的革命实践活动之中。在大革命时期，他通过《湖南农民运动考察报告》等调查研究，对中国社会各阶级作出了实事求是的科学分析。在土地革命斗争时期，又进行了寻乌调查、兴国调查、长冈乡调查、才溪乡调查等一系列调查，逐步形成了一套正确解决中国

---

① 逄先知:《博览群书的革命家》，《毛泽东的读书生活》，三联书店，2003，第 22 页。

② 《实践论》，《毛泽东选集》第 1 卷，第 287 页。

③ 《实践论》，《毛泽东选集》第 1 卷，第 292 页。

④ 《健学会之成立及进行》，《毛泽东早期文稿》，第 334 页。

革命问题的方针策略。"'左'倾教条主义，根本不研究中国特点。在农村十年，根本不研究农村土地和阶级关系。不是到了农村就懂得农村。要研究农村各阶级、各阶层关系。我花了十年功夫，才搞清楚。"① "工人阶级没有农民这个同盟军，革命不能成功，建设时期也是一样，没有这个同盟军不能建设成强大的国家。中国的问题始终是农民同盟军的问题。有些同志不懂得，甚至在农村混了几十年也不清楚。对于农民的思想感情、心里想什么，不了解，因此就没有根，一种风浪一来，就容易动摇。"② 在新中国成立后的一次中央会议上，他还提及调查研究的重要性："我的经验历来如此，凡是忧愁没有办法的时候，就去调查研究，一经调查研究，问题就出来了，问题就解决了。"③ 重视实践的另一个表现是强调读无字之书，向社会学习。毛泽东曾对抗大学员说："社会是学校，一切在工作中学习。学习的书有两种，有字的讲义是书，社会上的一切也是书——'无字天书'。"④ 在总结自己的人生经验时，毛泽东亦曾谈到学习不只是读书，实践是更重要的学习。"读书是学习，使用也是学习，而且是更重要的学习。从战争学习战争——这是我们的主要方法。没有进学校机会的人，仍然可以学习战争，就是从战争中学习。革命战争是民众的事，常常不是先学好了再干，而是干起来再学习，干就是学习。"⑤

　　毛泽东把这种在实践中学习的精神一以贯之，发扬于革命斗争

---

① 《听毛泽东谈哲学》，《龚育之回忆"阎王殿"旧事》，第 226 页。
② 《毛泽东年谱（1949—1976）》第 3 卷，第 351 页。
③ 《在广州中央工作会议上的讲话》，《毛泽东文集》第 8 卷，第 261 页。
④ 逄先知主编《毛泽东年谱（1893—1949）》中卷，第 58 页。
⑤ 《中国革命战争的战略问题》，《毛泽东选集》第 1 卷，第 181 页。

中，充分证明了实践出正确解决中国革命和建设真知的道理。毛泽东一生坚持真知只能源于实践，晚年在一份中央文件上作了如下批语："人的正确思想是从哪里来的？是从天上掉下来的吗？不是。是自己头脑里固有的吗？不是。人的正确思想，只能从社会实践中来，只能从社会的生产斗争、阶级斗争和科学实验这三项实践中来。"① 作为诗人的毛泽东，身上充盈着革命浪漫主义精神，但他主张："革命精神应与实际精神统一，要把俄国的革命热情和美国的实际精神统一起来。在文学上，就是革命的浪漫主义和革命的现实主义的统一。我们的革命精神不是与实践相脱离的，而是与实践相结合的。"② 同时，毛泽东如此注重实践与调查研究，其目的就是改变近代以来中国落后挨打的历史境遇，彻底改造中国社会，"马克思主义的哲学认为十分重要的问题，不在于懂得了客观世界的规律性，因而能够解释世界，而在于拿了这种对于客观规律性的认识去能动地改造世界"。③ 因此，为了中国问题的彻底解决，毛泽东并不赞同改良方法，而是主张大规模改造。与此同时，在十月革命后世界已进入无产阶级革命时代，中国革命已成为世界无产阶级革命的一部分，毛泽东认为不能把中国问题的解决孤立于世界时代潮流之外，"改良是补缀办法，应主张大规模改造。至用'改造东亚'，不如用'改造中国与世界'。提出'世界'，所以明吾侪的主张是国际的；提出'中国'，所以明吾侪的下手处；'东亚'无所取义。中国问题本来是世界的问题，然从事中国改

①　《人的正确思想是从哪里来的？》，《毛泽东文集》第 8 卷，第 320 页。
②　《毛泽东年谱（1949—1976）》第 3 卷，第 346 页。
③　《实践论》，《毛泽东选集》第 1 卷，第 292 页。

造不着眼及于世界改造，则所改造必为狭义，必妨碍世界"。① 中国问题本身就是世界问题之一部分，中国问题之解决亦必须与时代潮流相契合。

其次，人民是历史创造者，要以小学生的态度向群众学习。新中国成立之初，毛泽东为母校湖南省立第一师范学校题词："要做人民的先生，先做人民的学生。"② 毛泽东一生始终坚持人民是历史的创造者和主人。"人民，只有人民，才是创造世界历史的动力。"③ 群众是真正的英雄，"必须明白：群众是真正的英雄，而我们自己则往往是幼稚可笑的，不了解这一点，就不能得到起码的知识"。④ 少年时期，读书善于思考的毛泽东就发现："我继续读中国旧小说和故事。有一天我忽然想到，这些小说有一件事情很特别，就是里面没有种田的农民。所有的人物都是武将、文官、书生，从来没有一个农民做主人公。对于这件事，我纳闷了两年之久，后来我就分析小说的内容。我发现它们颂扬的全都是武将，人民的统治者，而这些人是不必种田的，因为土地归他们所有和控制，显然是让农民替他们种田。"⑤ 而毛泽东分析得出的结论就是这些人物不劳而获，而农民则是被压迫剥削的对象。他立志要把人民群众的英雄地位找回来，还原历史舞台上的真正主人。延安时期，他看了京剧《逼上梁山》后，当即给编导去信，表达喜悦之情："历史是人民创造的，但在旧戏舞台上（在一切离开人民的旧文

---

① 《在新民学会长沙会员大会上的发言》，《毛泽东文集》第1卷，第1页。
② 《毛泽东年谱（1949—1976）》第1卷，第271页。
③ 《论联合政府》，《毛泽东选集》第3卷，第1031页。
④ 《〈农村调查〉的序言和跋》，《毛泽东选集》第3卷，第790页。
⑤ 斯诺：《西行漫记》，董乐山译，东方出版社，2005，第123页。

学旧艺术上）人民却成了渣滓，由老爷太太少爷小姐们统治着舞台，这种历史的颠倒，现在由你们再颠倒过来，恢复了历史的面目，从此旧剧开了新生面，所以值得庆贺。"① 在毛泽东看来，要想获得真知，就不能昂首望天而必须眼睛向下，"没有眼睛向下的兴趣和决心，是一辈子也不会真正懂得中国的事情"。② 因此，对于人民——历史的创造者，我们必须做出先当学生后当先生的恭敬态度。"没有满腔的热忱，没有眼睛向下的决心，没有求知的渴望，没有放下臭架子、甘当小学生的精神，是一定不能做，也一定做不好的。"③ 如果不真心诚意地把群众当成先生，那群众就知而不言，言而不尽，甚至不理你，这样就不能学得解决中国革命问题的真本领。在延安对抗大学员讲话时，毛泽东十分形象地说了这个道理："工农是最有知识的人，他们的知识比我们丰富得多，实际得多。你们出去，不要先当'老师'，应该先当'学生'，了解情况，调查明白，再说话，再定方针。"④ 新中国成立后毛泽东亦曾反复劝导党内同志："要在人民群众那里学得知识，制定政策，然后再去教育人民群众。所以要当先生，就得先当学生，没有一个教师不是先当过学生的。而且就是当了教师之后，也还要向人民群众学习，了解自己学生的情况。"⑤ 他特别对干部队伍中的知识分子指出："为了教育群众，首先要向群众学习。同志们都是知识分子。知识分子往往不懂事，对于实际事物往往没有经历，或者经

---

① 《给杨绍萱、齐燕铭的信》，《毛泽东文集》第 3 卷，第 88 页。
② 《〈农村调查〉的序言和跋》，《毛泽东选集》第 3 卷，第 790 页。
③ 《〈农村调查〉的序言和跋》，《毛泽东选集》第 3 卷，第 790 页。
④ 逢先知主编《毛泽东年谱（1893—1949）》中卷，第 59 页。
⑤ 《学习马克思主义的认识论和辩证法》，《毛泽东文集》第 8 卷，第 324 页。

历很少。"[1] 工农最有知识，这种知识不是写在书本上的那种知识，而是解决中国问题的药方，也许工农本身对这种知识并没有自觉，并不自知，但的确需要知识分子和共产党员俯下身子去认真发掘加工提炼，进而与马克思主义相结合，以指导中国革命。在延安纪念五四运动二十周年的文章中，毛泽东即鲜明指出："在中国的民主革命运动中，知识分子是首先觉悟的成分。……然而知识分子如果不和工农民众相结合，则将一事无成。革命的或不革命的或反革命的知识分子的最后的分界，看其是否愿意并且实行和工农民众相结合。他们的最后分界仅仅在这一点，而不在乎口讲什么三民主义或马克思主义。真正的革命者必定是愿意并且实行和工农民众相结合的。"[2] 知识分子愿意并且实行和工农民众相结合，这是在独特历史境遇下中国革命的鲜明特征，它成为衡量一切知识分子革命性的标准；并且毛泽东特别强调："在这里提出了一个标准，我认为是唯一的标准。"[3]

"真理只有一个，而究竟谁发现了真理，不依靠主观的夸张，而依靠客观的实践。只有千百万人民的革命实践，才是检验真理的尺度。"[4] 关于这一点，毛泽东本人深有感触。"党内的一些人，他们说我一点马克思主义都没有，而他们是百分之百的布尔什维克。可是这些百分之百的布尔什维克却使白区损失百分之百，苏区损失百分之九十。我们这些人不生产粮食，也不生产机器，生产的是路线和政

---

[1] 《对晋绥日报编辑人员的谈话》，《毛泽东选集》第4卷，第1320页。
[2] 《五四运动》，《毛泽东选集》第2卷，第559—560页。
[3] 《青年运动的方向》，《毛泽东选集》第2卷，第566页。
[4] 《新民主主义论》，《毛泽东选集》第2卷，第663页。

策。路线和政策不是凭空产生出来的……而是老百姓告诉我们的。"①

老百姓才是知识的不竭之源，在延安文艺座谈会上，毛泽东非常明确地表达了人民生活实践是文艺创作的唯一源泉："人民生活中本来存在着文学艺术原料的矿藏，这是自然形态的东西，是粗糙的东西，但也是最生动、最丰富、最基本的东西；在这点上说，它们使一切文学艺术相形见绌，它们是一切文学艺术的取之不尽、用之不竭的唯一的源泉。这是唯一的源泉，因为只能有这样的源泉，此外不能有第二个源泉。有人说，书本上的文艺作品，古代的和外国的文艺作品，不也是源泉吗？实际上，过去的文艺作品不是源而是流，是古人和外国人根据他们彼时彼地所得到的人民生活中的文学艺术原料创造出来的东西。"②他非常明确地指出了源与流的重大区别。因此，要想推进马克思主义中国化大众化，真正做到"彻头彻尾彻里彻外"之化，必须向群众学习，"如果是不但口头上提倡提倡而且自己真想实行大众化的人，那就要实地跟老百姓去学，否则仍然'化'不了的。有些天天喊大众化的人，连三句老百姓的话都讲不来，可见他就没有下过决心跟老百姓学，实在他的意思仍是小众化"。③毛泽东在延安与全党同志这样共勉："和全党同志共同一起向群众学习，继续当一个小学生，这就是我的志愿。"④同时，毛泽东深信中国共产党的伟大力量来自人民，千百万真心实意拥护革命的人民群众才是共产党人真正的"铜墙铁

---

① 《关于人的认识问题》，《毛泽东文集》第 8 卷，第 393 页。
② 《在延安文艺座谈会上的讲话》，《毛泽东选集》第 3 卷，第 860 页。
③ 《反对党八股》，《毛泽东选集》第 3 卷，第 841 页。
④ 《〈农村调查〉的序言和跋》，《毛泽东选集》第 3 卷，第 791 页。

壁"，是共产党人战无不胜攻无不克之根本所在，这是任何力量都打不破的。"应该使每一个同志懂得，只要我们依靠人民，坚决地相信人民群众的创造力是无穷无尽的，因而信任人民，和人民打成一片，那就任何困难也能克服，任何敌人也不能压倒我们，而只会被我们所压倒。"① 作为人民领袖的毛泽东，始终把老百姓当成力量之源，始终甘拜百姓为师，甘做群众的小学生。

再次，与时俱进，以国情为一切革命问题之客观根据。实事求是，是中国共产党人的思想路线，亦是毛泽东为中国革命留下的宝贵精神遗产。"主动权来自实事求是。"② 毛泽东曾结合中国革命问题的实际，对实事求是作了创造性的解释："'实事'就是客观存在着的一切事物，'是'就是客观事物的内部联系，即规律性，'求'就是我们去研究。我们要从国内外、省内外、县内外、区内外的实际情况出发，从其中引出其固有的而不是臆造的规律性，即找出周围事变的内部联系，作为我们行动的向导。而要这样做，就须不凭主观想象，不凭一时的热情，不凭死的书本，而凭客观存在的事实，详细地占有材料，在马克思列宁主义一般原理的指导下，从这些材料中引出正确的结论。"③ 因此，我们党的指导思想虽然是马克思列宁主义，但必须根据变化了的实际情况进行实事求是的客观分析，进而制定出路线、方针与策略。延安时期，毛泽东曾严厉批评教条主义者："他们自称为马克思列宁主义者，其实一点马克思列宁主义也没有学到。列宁说：马克

---

① 《论联合政府》，《毛泽东选集》第 3 卷，第 1096 页。
② 《主动权来自实事求是》，《毛泽东文集》第 8 卷，第 197 页。
③ 《改造我们的学习》，《毛泽东选集》第 3 卷，第 801 页。

思主义的最本质的东西，马克思主义的活的灵魂，就在于具体地分析具体的情况。我们的这些同志恰是忘记了这一点。"① 由此，他认为真正的革命者必须随时根据客观情况的变化调整自己的主观认识："真正的革命的指导者，不但在于当自己的思想、理论、计划、方案有错误时须得善于改正，如同上面已经说到的，而且在于当某一客观过程已经从某一发展阶段向另一发展阶段推移转变的时候，须得善于使自己和参加革命的一切人员在主观认识上也跟着推移转变，即是要使新的革命任务和新的工作方案的提出，适合于新的情况的变化。革命时期情况的变化是很急速的，如果革命党人的认识不能随之而急速变化，就不能引导革命走向胜利。"② 他曾反复讲马克思主义只能是资本主义社会的产物，帝国主义时代的许多特异规律在马克思所处时代并不能预知，要想知道这些规律就必须参与到帝国主义时代实践中去，因此只有之后的列宁和斯大林才能担此任务。"马克思活着的时候，不能将后来出现的所有的问题都看到，也就不能在那时把所有的这些问题都加以解决。俄国的问题只能由列宁解决，中国的问题只能由中国人解决。"③ 因此，经过长征到达延安后，毛泽东开始系统客观地分析中

---

① 《中国革命战争的战略问题》，《毛泽东选集》第 1 卷，第 187 页。

② 《实践论》，《毛泽东选集》第 1 卷，第 294 页。

③ 《马列主义基本原理至今未变，个别结论可以改变》，《毛泽东文集》第 8 卷，第 5 页。关于这点，刘少奇亦高度认同："由于中国社会、历史的发展有其极大的特殊性，以及中国的科学还不发达等条件，要使马克思主义系统地中国化，要使马克思主义从欧洲形式变为中国形式，就是说，要用马克思主义的立场与方法来解决现代中国革命中的各种问题，——其中有许多是在世界马克思主义者面前从来没有提出过与解决过的问题，在这里是以农民为主要群众（而不是以工人为主要群众），反对外国帝国主义的压迫和中世纪残余（而不是反对本国资本主义）——这乃是一件特殊的、困难的事业。这决不是如某些人所想的，只将马克思主义的著作加以熟读、背诵和摘引，就可成功的。"见《论党》，《刘少奇选集》上卷，第 335—336 页。

国社会性质问题，认为从鸦片战争以来中国逐渐沦为殖民地半殖民地
半封建社会。"中国现时的社会，是一个殖民地、半殖民地、半封建
性质的社会。只有认清中国社会的性质，才能认清中国革命的对象、
中国革命的任务、中国革命的动力、中国革命的性质、中国革命的前
途和转变。所以，认清中国社会的性质，就是说，认清中国的国情，
乃是认清一切革命问题的基本的根据。"①

　　毛泽东认为中国资产阶级民主革命的一百年，可分为前八十年
和后二十年两个大段落，②分水岭就是五四运动。前八十年属于旧的
世界资产阶级民主主义革命的范畴，后二十年属于新的资产阶级民主
主义革命的范畴。其相同点是都属于资产阶级民主革命范畴，最大不
同点是中国无产阶级在十月革命影响下，于五四运动后登上历史舞
台，继而成立了中国共产党，代替资产阶级成为新民主主义革命的领

---

① 《中国革命和中国共产党》，《毛泽东选集》第 2 卷，第 633 页。关于这点，哲学家冯
　　友兰认为毛泽东成功即在此："在《新民主主义论》中，毛泽东所用的革命方法是以革
　　命的任务决定革命的性质，以当时社会的性质决定革命的任务。当时中国的社会性质
　　是半封建、半殖民地，所以当时革命的任务是反帝反封建，由此决定中国革命的性质，
　　不能是社会主义革命，而只能是新民主主义革命。"而新中国成立后在社会主义建设探
　　索过程中的失败亦在于未能把此唯物史观之逻辑一以贯之。"1954 年的《宪法》首先提
　　出社会主义，这就是以革命的性质决定革命的任务。这个转变，在以后的中国社会中，
　　引起了深远的后果。"唯物史观的原则并没有被贯穿到底。……无产阶级即使取得了
　　政权，其革命任务也应该是推动生产力的发展，为更高一级社会形态的出现准备条件。
　　因此，其革命性质只能是资产阶级性的民主主义革命，在中国就是新民主主义革命。
　　在这个问题上，只能遵循历史发展的客观规律，不能靠空想办事情。"参见冯友兰《毛
　　泽东和中国现代革命》，《中国现代哲学史》，江苏文艺出版社，2013，第 156—164 页。
② 新中国成立后同外宾谈话时，毛泽东忆起："《新民主主义论》初稿写到一半时，中国
　　近百年历史前八十年是一阶段、后二十年是一阶段的看法，才逐渐明确起来，因此重
　　新写起，经过反复修改才定了稿。"见《同长征、艾地的谈话》，《毛泽东文集》第 7
　　卷，人民出版社，1999，第 15 页。

导阶级。由此，新民主主义革命时代（中国革命此时已是世界革命的一部分），无产阶级领导革命的主要任务就是反帝反封建。"在中国，事情非常明白，谁能领导人民推翻帝国主义和封建势力，谁就能取得人民的信仰，因为人民的死敌是帝国主义和封建势力、而特别是帝国主义的缘故。在今日，谁能领导人民驱逐日本帝国主义，并实施民主政治，谁就是人民的救星。历史已经证明：中国资产阶级是不能尽此责任的，这个责任就不得不落在无产阶级的肩上了。"[1] 无产阶级作为领导阶级登上了历史舞台，但毛泽东对国情之把握十分娴熟，指出我们党既不能犯右倾投降主义错误，同时又不能毕其功于一役，急于冒进，犯"左"倾机会主义错误，而应实事求是地根据国情，分阶段按步骤地进行中国革命。"迷惑于所谓'一次革命论'，迷惑于所谓'举政治革命与社会革命毕其功于一役'的纯主观的想头；而不知革命有阶段之分，只能由一个革命到另一个革命，无所谓'毕其功于一役'。这种观点，混淆革命的步骤，降低对于当前任务的努力，也是很有害的。如果说，两个革命阶段中，第一个为第二个准备条件，而两个阶段必须衔接，不容横插一个资产阶级专政的阶段，这是正确的，这是马克思主义的革命发展论。如果说，民主革命没有自己的一定任务，没有自己的一定时间，而可以把只能在另一个时间去完成的另一任务，例如社会主义的任务，合并在民主主义任务上面去完成.这个叫做'毕其功于一役'，那就是空想，而为真正的革命者所不取的。"[2] 根据国情，把马克思主义创造性地中国化之纲领性理论——新

---

① 《新民主主义论》,《毛泽东选集》第 2 卷，第 674 页。
② 《新民主主义论》,《毛泽东选集》第 2 卷，第 685 页。

民主主义，既区别于俄国和中国的托派所坚信中国革命本质上属于社会主义革命之论断，又不同于共产国际和中共早期领袖认为中国革命仍与先前的资产阶级民主革命没有区别的观点。新民主主义理论是党的重大理论创新，毛泽东十分看重，以至于晚年在与人谈论哲学时还对它念兹在兹："在我国，八十年，资产阶级领导的民主主义革命都失败了。我们领导的民主主义革命，一定要胜利。只有这条出路，没有第二条。《新民主主义论》那一篇，是个完整的纲领，政治，经济，文化都讲了。"[①] 因此，如何与时俱进地认识国情，如何正确判断中国革命运动的特点，都是共产党人随时应注意的大课题："当前的运动的特点是什么？它有什么规律性？如何指导这个运动？这些都是实际的问题。直到今天，我们还没有懂得中国的全部。运动在发展中，又有新的东西在前头，新东西是层出不穷的。研究这个运动的全面及其发展，是我们要时刻注意的大课题。"[②] 值得一提的是，1965 年 2 月 21 日，当薄一波向毛泽东汇报工作谈到如何紧跟主席的思想时，毛泽东说：是要"紧紧跟上客观情况，掌握客观规律，按客观可能办到的就办，不可能办到的就不办"。[③] 因此，在毛泽东看来，如果共产党人拒绝对国情做认真研究，那他就不是真正意义上的马克思主义者。"一个马克思主义者如果不懂得从改造世界中去认识世界，又从认识世界中去改造世界，就不是一个好的马克思主义者。一个中国的马克思主义者，如果不懂得从改造中国中去认识中国，又从认识中国中去改造

---

① 《听毛泽东谈哲学》，《龚育之回忆"阎王殿"旧事》，第 225 页。

② 《中国共产党在民族战争中的地位》，《毛泽东选集》第 2 卷，第 534 页。

③ 《毛泽东年谱（1949—1976）》第 5 卷，第 481 页。

中国，就不是一个好的中国的马克思主义者。"① 不论是认识中国之前提，还是改造中国之目的，其主体自然都是中国，必须立足于中国之国情。

毛泽东虽十分尊重"马经"，但他深知要想彻底解决中国问题，必须知晓中国之国情，即中国历史、中国文化、中国革命实践，这即章学诚所言"事变之出于后者，六经不能言"之史，要把史之中不断发展之规律总结提炼出来，作为指导中国革命的方法论。这集中地体现在延安时期党内的整风运动之中，其实质就是党内的"经史关系"问题即马克思主义如何彻底实现中国化。正如解放战争时期毛泽东对整风运动所达到实际效果之总结所言："抗日战争时期我党内部的整风运动，是一般地收到了成效的。这种成效，主要地是在于使我们的领导机关和广大的干部和党员，进一步地掌握了马克思列宁主义的普遍真理和中国革命的具体实践的统一这样一个基本的方向。"② 通过整风运动，解决了党内的经史问题，马克思主义得以彻底中国化。"马克思主义一定要向前发展，要随着实践的发展而发展，不能停滞不前。停止了，老是那么一套，它就没有生命了。但是，马克思主义的基本原则又是不能违背的，违背了就要犯错误。用形而上学的观点来看待马克思主义，把它看成僵死的东西，这是教条主义。否定马克思主义的基本原则，否定马克思主义的普遍真理，这就是修正主义。"③

---

① 《驳第三次"左"倾路线（节选）》，《毛泽东文集》第 2 卷，第 344 页。
② 《目前形势和我们的任务》，《毛泽东选集》第 4 卷，第 1252 页。胡绳晚年在谈话中也认为："整风的意义，对党的建设来说，使党真正成为一个中华民族的党。"见金冲及《一本书的历史：胡乔木、胡绳谈〈中国共产党的七十年〉》，第 89 页。
③ 《在中国共产党全国宣传工作会议上的讲话》，《毛泽东文集》第 7 卷，第 281 页。

在毛泽东看来，教条主义和修正主义都违反马克思主义。在 1966 年
3 月 20 日的中央政治局常委扩大会议上，当林彪提出"要学毛主席"
时，毛泽东意味深长地说："我在这里说一句，要突破，要创造，不要
只解释，不要念语录，不能受束缚。列宁就不受马克思的束缚。不要
迷信，要有新的论点，新的解释，新的创造，不然不行。"[1] 正是在这
种不受束缚下的"不要迷信，要有新的论点，新的解释，新的创造"，
是把马克思主义之经，成功地运用到中国之史即革命实践中，才与时
俱进地不断推进马克思主义中国化之历史进程。因此，既要尊重"马
经"，把贯穿其中的立场、观点、方法提炼出来指导革命，不至于犯
教条主义之错误；又能根据中国革命实践之史，不断总结提炼新发展
之规律，纳史入经，由此在经史关系即马克思主义中国化的不断成熟
发展过程中，彻底解决中国革命问题。

---

[1] 《毛泽东年谱（1949—1976）》第 5 卷，第 570 页。

第四章

尊经重史

——经史观之方法论启示

1944 年，美联社记者斯坦因参访延安，在对毛泽东的访谈中，他提出一个颇为尖锐的问题：中国共产党到底是"中国至上"，还是"共产党至上"？毛泽东用其深厚的理论素养和丰富的革命实践，对这个问题作了十分精辟的回答："没有中华民族，就没有中国共产党。你还不如这样提问题，是先有孩子还是先有父母？这不是一个理论问题而是一个实际问题。……我们的思想方法，我已经告诉过你，我们像其他国家的共产党一样，坚信马克思主义的正确性。当人们问我们是'共产党至上'还是'中国至上'时，可能指的就是这一点。可是，我们信奉马克思主义是正确的思想方法，这并不意味着我们忽视中国文化遗产……中国历史遗留给我们的东西中有很多好东西，这是千真万确的。我们必须把这些遗产变成自己的东西。……我们中国人必须用我们自己的头脑进行思考，并决定什么东西能在我们自己的土壤里生长起来。"[①] 这是实际问题而非理论问题，毛泽东的回答掷地有声，十分坚定，充分说明问题之复杂尖锐。诞生于中国历史文化土壤中的中国共产党当然不能机械照搬马克思主义，必须结合中国革命实践、中国历史、中国文化进行艰难的思想性创造。作为中国马克思主义者，毛泽东十分清楚作为中华民族一部分而与这个民族血肉相连的

---

①　《同英国记者斯坦因的谈话》，《毛泽东文集》第 3 卷，第 191—192 页。

共产党员,不能离开中国特点来谈马克思主义,要使马克思主义中国化,就必须按照中国特点去应用它。作为中国特点重要组成部分的文化内生性思维逻辑,其中最具代表性的即是贯穿中国历史进程的经史关系方法论,特别是清代中叶以章学诚为代表的一脉相承处理经史关系问题的"六经皆史"方法论,对于延安时期毛泽东不断推进马克思主义中国化,使党内思想得以统一至为重要。哲学家冯契指出了这种内在关系:"在马克思主义哲学中国化的过程中,历史主义方法获得了很大发展。如果说,浙东史学主张即事而求道(笼统的一般的道),进化论者提出明变而求因(实证科学的因果律),那么唯物史观则进而要求从历史和逻辑的统一中来揭示发展的真正根据,把握矛盾发展的全过程。毛泽东很重视方法论的研究。"①"六经皆史"与马克思主义中国化,同样面临处置自身的经史关系问题,二者内在的经史思维逻辑亦具有某种程度的相似性,极具方法论启示。

一 尊经之地位,重史之作用

章学诚提出"六经皆史"论,以重建经史关系之视角,力图修正"六经载道之书"的历史偏见,为"史"正名,同时给予"经"应有之地位,在尊经之前提下为史正名。在章学诚看来,六艺乃周官政典,六经乃是儒家信奉的经书,六经源自六艺,只是孔子忧周公之道晦,所存周公之旧典而已。"夫子之教者自六经,以谓六经载道之书

---

① 《冯契文集》第7卷,第633页。

也，而不知六经皆器。"① 六经虽非载道之书，只是载道之器而已，但不可不尊之。"夫子述六经以训后世，亦谓先圣先王之道不可见，六经即其器之可见者也。"② 道之得以显明，进而明教于万世，必须通过六经之器，即器以明道。因此，对保存先王政典之六经，虽非儒生所信奉的载道之书，但亦存道之器，"道不离器"，即器方能存道，故不可轻慢于经，必须尊之。同时，在《文史通义》卷首，章学诚开宗明义："六经皆史也。古人不著书，古人未尝离事而言理。六经皆先王之政典也。"③ 鲜明提出了独辟创见的经史观，认为古无经史之别，六艺皆掌之于史官，六经并非空言著述，但六经毕竟非载道之书，只是所存先王之旧典，并非道之恢宏全体。道并非悬空之物，体道、识道、弘道须与时俱进，以经世为本，以时势为大，不可抱守六经之残缺以为教条，顽固不化，必须注重后世经世之史学，纳史入经，这即为"六经皆史"之核心要义。"夫道备于六经，义蕴之匿于前者，章句训诂足以发明之。事变之出于后者，六经不能言，固贵约六经之旨而随时撰述以究大道也。"④ 六经之旨即是我们今日所言的立场、观点、方法，对其必须充分尊之。但六经只是周公之政典，即六经之器而只能明三代以来之道（相对真理），即"义蕴之匿于前者"，而"事变之出于后者"，则已超出六经范围，必须"随时撰述以究大道"。这即要求不能死守六经之教条，而必须根据时代发展，从丰富的"史"中

---

① 章学诚:《原道中》,《文史通义》, 第 38 页。
② 章学诚:《原道中》,《文史通义》, 第 38 页。
③ 章学诚:《易教上》,《文史通义》, 第 1 页。
④ 章学诚:《原道下》,《文史通义》, 第 41 页。

总结出新的大道。因此，章学诚以史学作为一切经典之根柢，让经学不再悬置于空言，而是有其史学之基础，这样一来，经之地位更加巩固，同时又把史学抬高至作为经之基础的地位。与其说章氏的基本立场为尊史抑经，还不如说是在尊经前提下纳史入经，尊史为经，这样既可以达到尊经之效果，亦可提高不断总结发展的史之地位，避免经学教条主义化。

　　章学诚"六经皆史"的经史观，对同受浙东史学传统影响的章太炎和范文澜产生了极为重要之影响。章太炎对章学诚特别注重的"固贵约六经之旨而随时撰述以究大道"之论深有体悟。六经虽不能言事变之出于后者，但六经并非就可完全摒弃不用。"经者何指乎？'大纲'二字，允为达诂。……宗旨曰经。"[①]经者宗旨，指出经之内涵即有"贵约六经之旨"的意蕴，对经必须充分尊之。同时，章太炎提出了自己的标准："古之作者，创制而已，后生依其式法条例则是，畔其式法条例则非。"[②]后世之人治国理政，只要师取其中之"式法条例"，即今日所言之立场、观点、方法。他进一步指出："现在的时世，和往昔不同。但是，所变换的，只是外表的粗迹，至于内在的精义，是亘千载而没有变换的。所以，古未必可废，所着重的，在善于推阐，假使能够发挥他的精义，忽略他的粗迹，那么以前种种，未必无补于现在。"[③]六经虽非道之恢宏全体，但章太炎深信其有精义所在："经国利

---

① 《论经史儒之分合》，《章太炎全集》第 15 卷《演讲集》（下），第 591 页。
② 《原经》，《章太炎经典文存》，第 154 页。
③ 《经义与治事》，《章太炎全集》第 14 卷《演讲集》（上），第 455 页。

民，自有原则，经典所论政治，关于抽象者，往往千古不磨。"① 关于抽象者，亦即今日所言之立场、观点、方法，故忽略其具体之粗迹，发挥其更古之精义，随时善于推阐，必能有功于当代。对于章学诚之"固贵约六经之旨而随时撰述以究大道"，章太炎之"经典所论政治，关于抽象者，往往千古不磨"，范文澜亦是把其与学习马克思主义立场、观点、方法相结合，融合二者达到了炉火纯青之境界。范文澜对二章方法论之总结，以下这句话堪称精辟："我们要从经典著作里学习研究历史的立场、观点和方法，更要从今天的历史里学习研究历史的立场、观点和方法。"② 把学经典与当下历史实践结合起来。他认为学习马克思主义亦是如此，既不能把马克思主义当成教条，又不能不用心学习领会贯穿其中的立场、观点与方法。在他看来，马克思列宁主义的经典著作很多，其中多为解决具体问题的记录（与六经皆史类似，章学诚即认为六经皆器），都是将普遍规律和特殊规律密切结合起来解决问题的方法。学习马列经典著作，一定要区别普遍规律与特殊规律："学习马克思要求神似，最要不得的是貌似。学习理论是要学习马克思主义处理问题的立场、观点和方法。学了之后，要作为自己行动的指南，把马克思主义理论和实践联系起来，也就是把普遍真理和当前的具体问题密切结合，获得正确的解决。问题的发生新变无穷，解决它们的办法也新变无穷。这才是活生生的富有生命力的马克思主义，这才是学习马克思主义得其神似。貌似是不管具体实践，把书本上的马克思主义词句当作灵丹圣药，把自己限制在某些抽象的公式里面，把某些抽象

---

① 《论读经有利而无弊》，《章太炎全集》第 15 卷《演讲集》（下），第 569 页。
② 《历史研究中的几个问题》，《范文澜历史论文选集》，第 216 页。

的公式不问时间、地点和条件，千篇一律地加以应用。这是伪马克思主义，是教条主义。"①

无论是章学诚的"固贵约六经之旨而随时撰述以究大道"、章太炎的"经典所论政治，关于抽象者，往往千古不磨"，还是范文澜的"学习马克思主要要求神似，最要不得的是貌似。学习理论是要学习马克思主义处理问题的立场、观点和方法"，与毛泽东思考党内自身的经史关系问题，即马克思主义（经）与中国革命实践（史）之关系，方法论均极其相似。抑或通过范文澜作为二章与毛的思想桥梁，延安时期的毛泽东从章学诚那里汲取"六经皆史"论中所蕴含的经史观这一浙东史学之精华。作为马克思主义者，毛泽东视马克思主义为共产党人的老祖宗，一生尊奉"马经"，认真学习马克思主义经典。虽然尊奉"马经"，但并未把马克思主义捧上神坛当成教条，毛泽东反复告诫全党："要使我们的同志认识到，老祖宗也有缺点，要加以分析，不要那样迷信。"②并特别强调不可泥于马克思主义的具体字句与个别结论，而要知晓及贯彻其中的立场、观点、方法。"不是把他们的理论当作教条看，而是当作行动的指南。不是学习马克思列宁主义的字母，而是学习他们视察问题与解决问题的立场与方法。"③毛泽东还进一步指出了教条主义对革命事业的危害性："教条主义只是思想懒汉才会加以欣赏的东西，它对于革命，对于人民，对于马克思列宁主义，都是有百害而无一利的。"④虽然尊"马经"，但毛泽东深知要想彻

① 《历史研究中的几个问题》，《范文澜历史论文选集》，第 208 页。
② 《在成都会议上的讲话》，《毛泽东文集》第 7 卷，第 370 页。
③ 《中国共产党在民族战争中的地位》，竹内实编《毛泽东集》第 6 卷，第 259 页。
④ 《关于无产阶级专政的历史经验》，《人民日报》1956 年 4 月 5 日。

底解决中国问题，必须知晓中国之国情，即中国历史、中国文化、中国革命实践，这即"事变之出于后者，六经不能言"之史，要把史之中不断发展之规律总结提炼出来，作为指导中国革命的方法论。这集中地体现在延安时期党内的整风运动中，其实质就是党内的经史关系问题即马克思主义如何彻底实现中国化。正如毛泽东解放战争时期对整风运动所达到实际效果的总结所言："抗日战争时期我党内部的整风运动，是一般地收到了成效的。这种成效，主要地是在于使我们的领导机关和广大的干部和党员，进一步地掌握了马克思列宁主义的普遍真理和中国革命的具体实践的统一这样一个基本的方向。"[1] 通过整风运动解决了党内的经史问题，使马克思主义彻底中国化，由此才能既尊"马经"，把贯穿其中的立场、观点、方法提炼出来指导革命，不致犯教条主义之错误，[2] 又能根据中国革命实践之史，不断总结提炼新发展之规律，纳史入经，由此在经史关系即马克思主义中国化的不断成熟发展过程中，彻底解决中国革命问题。

二　经世致用，注重实践

章学诚深受浙东史学传统之影响，提出"六经皆史"论，力图以此经史关系之新视角贯彻浙东史学经世致用之传统。针对汉

---

① 　《目前形势和我们的任务》，《毛泽东选集》第 4 卷，第 1252 页。

② 　著名哲学家冯契先生在评论毛泽东的辩证逻辑思想时，指出实际上党内的教条主义与传统的经学方法如出一辙，有类似的思维逻辑："教条主义是封建经学方法在马克思主义外衣下的重演。"见《冯契文集》第 7 卷，第 602—603 页。

学、宋学之流弊,章学诚作出尖锐批评:"君子之学术,为能持世而救偏。"①所谓持世,就是为当时的典章政教人伦日用服务,用以经世;所谓救偏,就是指斥汉学、宋学等的各执一偏。因此,必须学思结合,如夫子作《春秋》之原则"我欲托之空言,不如见诸行事之深切著明"。既不能误器以为道,更不能离器而言道,离事而言理,舍今而言古,"夫思,亦学者之事也。而别思于学,若谓思不可以言学者,盖谓必习于事而后可以言学,此则夫子诲人知行合一之道也"。②由此可见,章学诚"六经皆史"之经史论,其宗旨就是知行合一之实践论。章太炎在晚年演讲中曾言:"昔人读史,注意一代之兴亡,今日情势有异,目光亦须变换,当注意全国之兴亡,此读史之要义也。经与史关系至深,章实斋云'六经皆史',此言是也。"③这里以《论语·先进》中记载的孔子与子路的对谈为例,从中可以看出从章学诚到章太炎一以贯之的重视经世实践:"子路使子羔为费宰。子曰:'贼夫人之子。'子路曰:'有民人焉,有社稷焉,何必读书,然后为学?'子曰:'是故恶夫佞者。'"孔子认为治民与事神皆为国之大事,必须先接受专业教育方可入仕,否则必会慢神而虐民。章学诚对此则有另外之解释。他认为学非只有诵读一途,如果不是针对子羔为宰而言,子路之言未必为非:"子路曰:'有民人焉,有社稷焉,何必读书,然后为学?'夫子斥以为佞者,盖以子羔为宰,不若是说,非谓学必专于诵读也。专于诵读而言学,世儒之陋也。"故

① 章学诚:《原学下》,《文史通义》,第46页。
② 章学诚:《原学中》,《文史通义》,第45页。
③ 《历史之重要》,《章太炎全集》第15卷《演讲集》(下),第599页。

"必见于行事"，^① 方可为真学。无独有偶，同样深受浙东经世史学传统影响的章太炎亦有此看法："以前子路说过'有民人焉，有社稷焉，何必读书，然后为学？'这话并未讲错。从古到今，有一种人痛恨俗吏，痛恨官僚，但是自己讲论政治多年，一旦担任职务，往往不能及到他们。这个原因，便是一在空论，一在实习。所以，我以为讲到实用，学问不过占三分之一的力量，三分之二的力量，是靠自己的练习。子路的话，并未说错，不过略嫌过分一些罢了。"^② 面对同样的经典，深受浙东史学经世传统影响之二章，都颇重视实践之作用。

毛泽东虽没有谈及这则对话，但将这种实践中的学习精神一以贯之地继承发扬于革命实践之中，充分证明了实践能出正确解决中国革命和建设真知的道理。他特别强调："真理的标准只能是社会的实践。实践的观点是辩证唯物论的认识论之第一的和基本的观点。"^③ 延安时期，无论是留苏的教条主义者，还是欧美、日本留学回来的洋学生，对中国的历史特别是中国共产党的历史和鸦片战争以来的中国近百年史一点不懂，不以为耻反以为荣，只知道生吞活剥地谈外国。这种情况传染到党内就变成了一种理论与实践分离的学风，"对中国问题反而无兴趣，对党的指示反而不重视，他们一心向往的，就是从先生那里学来的据说是万古不变的教条"。^④ 对此毛泽东

① 章学诚：《原学上》，《文史通义》，第 44 页。
② 《经义与治事》，《章太炎全集》第 14 卷《演讲集》（上），第 458 页。
③ 《实践论》，《毛泽东选集》第 1 卷，第 284 页。
④ 《改造我们的学习》，《毛泽东选集》第 3 卷，第 798—799 页。

痛批其只是"起了留声机的作用",忘记了通过中国革命实践认识和创造新理论的责任。特别值得指出的是,新中国成立后在亲自编辑《毛泽东选集》时,毛泽东虽十分注重《矛盾论》的修改,但他在给陈伯达、田家英的信中说,《矛盾论》"此件在重看之后,觉得以不加入此次选集为宜,因为太像哲学教科书,放入选集将妨碍《实践论》这篇论文的效力,不知你们感觉如何?"①1956 年 3 月 14 日,毛泽东在会见并宴请越南劳动党中央总书记长征、印度尼西亚共产党中央总书记艾地时亦说:"对已发表过的东西,完全满意的很少。如《实践论》就是比较满意的,《矛盾论》就并不很满意。"②尤其可以看出他特别看重自己把马克思主义实践观与中国文化知行合一观深度融会贯通之《实践论》。毛泽东一生都坚持真知只能源于实践,晚年在一份中央文件上作了如下批语:"人的正确思想是从哪里来的?是从天上掉下来的吗?不是。是自己头脑里固有的吗?不是。人的正确思想,只能从社会实践中来,只能从社会的生产斗争、阶级斗争和科学实验这三项实践中来。"③可以说,正是因为把马克思主义的实践观点与中国古典注重经世致用的经史传统融会贯通,真正

① 《毛泽东年谱(1949—1976)》第 1 卷,第 312 页。

② 《毛泽东年谱(1949—1976)》第 2 卷,第 546 页。1965 年 1 月 9 日,在会见斯诺时,毛泽东亦谈道:"其实,《矛盾论》不如《实践论》那篇文章好。《实践论》是讲认识过程,说明人的认识是从什么地方来的,又向什么地方去。"见《毛泽东年谱(1949—1976)》第 5 卷,第 466 页。1965 年 1 月 23 日,毛泽东主持召开中共中央政治局常委扩大会议,当余秋里汇报到要活学活用毛主席著作时,毛泽东说:"我的那些东西还有用?那些是历史资料了,只能参考参考。……我只有一篇好的——《实践论》,还有点用。"《毛泽东年谱(1949—1976)》第 5 卷,第 472 页。

③ 《人的正确思想是从哪里来的?》,《毛泽东文集》第 8 卷,第 320 页。

内化为中国革命理论，外化于中国革命实践，才从根本上解决了中国人近代以来的理论求索，精神由被动转为主动，从革命斗争实践中实现了建国夙愿。

三　向群众学习，走群众路线

作为群经之首的《周易》有言："天地交而万物通也，上下交而其志同也。"（《周易·否卦》）天地相交万物才能生生不息，在上之治者与在下之大众相交才能志同道合，同心同德。《中庸·第十二章》云："君子之道费而隐。夫妇之愚，可以与知焉；及其至也，虽圣人亦有所不知焉。夫妇之不肖，可以能行焉；及其至也，虽圣人亦有所不能焉。天地之大也，人犹有所憾。故君子语大，天下莫能载焉；语小，天下莫能破焉。《诗》云：'鸢飞戾天，鱼跃于渊。'言其上下察也。君子之道，造端乎夫妇，及其至也，察乎天地。"亦是言在上之君子须与在下之愚夫愚妇相交相察，方能成就君子之道。明代大儒王阳明在回答学生关于异端之提问时更是明言："与愚夫愚妇同的，是谓同德。与愚夫愚妇异的，是谓异端。"[1] 由此可见，中国传统圣贤君子及其经典著作，始终重视"愚夫愚妇"即人民群众之地位，强调仁义德政落实之关键即在于重视群众，走上下相交的群众路线。深受浙东史学影响之章学诚自然高度重视经典谱系之传承，明确指出："圣人求道，道无可见，即众人之不知其然而然，圣人所借以见道者也。故不

---

① 　王阳明：《传习录》，上海古籍出版社，2011，第 121 页。

知其然而然,一阴一阳之迹也。学于圣人,斯为贤人。学于贤人,斯为君子。学于众人,斯为圣人。非众可学也,求道必于一阴一阳之迹也。……盖自古圣人,皆学于众人之不知其然而然。"①这段话道出了章学诚群众路线方法论之真谛,"学于众人,斯为圣人",一语道破玄机,充分说明他彻底否认了传统的圣人史观,走的是群众路线,是人民史观的践行者。圣人如何学于众人?我们可以清晰地梳理出章学诚的认识论:圣人必须学于众人,道之迹(众人之感性材料)→道之作(圣人之经纶制作)→道之器(编辑为经典文献)→道之理(变为实践指导思想),由是一步步伴随历史之发展、实践之深入,随时撰述以究大道。其实,中国共产党的群众路线既来源于马克思主义的唯物史观,又有中华优秀文化之内在渊源。

同时,这一重视黎民大众的谱系为章太炎及其门人范文澜一脉相承。章太炎在晚年演讲中曾言:"夫史之记载,多帝王卿相之事,罕有言及齐民。……为帝王而立言者实多,为平民而立言者盖寡。"②《革命道德说》更表明其倾向普通大众之价值观。文中他把中国人按道德水平进行区分,有16种不同道德水平之人,其结论反是有知识、居领导地位者都是道德水平最低下之人,而没有知识的平民道德水平较高:"今之道德,大率从于职业而变。都计其业则有十六种人:一曰农人,二曰工人,三曰稗贩,四曰坐贾,五曰学究,六曰艺士,七曰通人,八曰行伍,九曰胥徒,十曰幕客,十一曰职商,十二曰京朝官,十三曰方面官,十四曰军官,十五曰差徐官,十六曰雇译人。其职业

① 章学诚:《原道上》,《文史通义》,第34页。
② 《论经史儒之分合》,《章太炎全集》第15卷《演讲集》(下),第595页。

凡十六等，其道德之第次亦十六等。农人于道德为最高，其人劳身苦形，终岁勤动。……通人者，所通多种，若朴学，若理学，若文学，若外学，亦时有兼二者。朴学之士多贪，理学之士多诈，文学之士多淫，至外学则并包而有之。……故以此十六种职业者，第次道德，则自艺士下率在道德之域，而通人以上则多不道德者。……要之，知识愈进，权位愈伸，则离于道德也愈远。"[1] 其在《诸子学略说》《儒家之利病》《诛政党》等文中，亦对得意的知识人及政治人物的道德品格甚为不满，认为他们本应堪当重任，却反而为现实利害所诱，不能"隐沦独行""坚贞独善"，对其进行直接或间接之讥讽。[2] 范文澜亦继承发展了人民史观，在修订其代表作《中国通史简编》时曾言："本书肯定历史的主人是劳动人民，把旧型类历史以帝王将相作为主人的观点否定了。"[3] 可以说初到延安的范文澜之所以能得到毛泽东赏识和重用，与其在历史著作中大力贯彻落实毛泽东群众路线的人民史观至为相关。以至于在范文澜去世前一年，1968 年 7 月 20 日毛泽东派女儿李讷到范文澜住处给他当面传话，说："中国需要一部通史，在没有新的写法以前，还是按照你那种方法写下去。通史不光是古代近代，还要包括现代。"[4] 由此可见，与当时理论界盛行的影射史学、史学高度政治化相比，毛泽东仍对延安时期以来的史学助手范文澜所一以贯之坚持的史观保持着高度信任。

[1] 《革命道德说》，《章太炎全集》第 8 卷《太炎文录初编》，第 289—292 页。
[2] 王汎森：《思想是生活的一种方式：中国近代思想史的再思考》，北京大学出版社，2018，第 151 页。
[3] 《关于中国历史上的一些问题》，《范文澜全集》第 10 卷，第 218 页。
[4] 陈其泰：《范文澜学术思想评传》，华夏出版社，2018，第 141 页。

　　毛泽东一生始终坚持人民是历史的创造者，群众是真正的英雄。在少年时期，毛泽东就发现了书中描写的"一切人物都是武士、官吏、或学者，从未有过一个农民英雄"。① 他立志要把人民群众的英雄地位找回来，还原历史舞台上的真正主人，而其方法就是马克思主义历史观与中华文化"学于众人"传统之结合即中国共产党人的群众路线。在毛泽东看来，向群众学习、走群众路线之前提就在于人民群众而非知识分子，是真正实践知识的拥有者。"我们晓得，有许多知识分子，他们自以为很有知识，大摆其知识架子，而不知道这种架子是不好的，是有害的，是阻碍他们前进的。他们应该知道一个真理，就是许多所谓知识分子，其实是比较地最无知识的，工农分子的知识有时倒比他们多一点。"② 延安时期，毛泽东就明确指出："在我党的一切实际工作中，凡属正确的领导，必须是从群众中来，到群众中去。这就是说，将群众的意见（分散的无系统的意见）集中起来（经过研究，化为集中的系统的意见），又到群众中去作宣传解释，化为群众的意见，使群众坚持下去，见之于行动，并在群众行动中考验这些意见是否正确。然后再从群众中集中起来，再到群众中坚持下去。如此无限循环，一次比一次地更正确、更生动、更丰富。这就是马克思主义的认识论。"③ "'三个臭皮匠，合成一个诸葛亮'，这就是说，群众有伟大的创造力。中国人民中间，实在有成千成万的'诸葛亮'，每个乡村，每个市镇，都有那里的'诸葛亮'。我们应该走到群众中间去，

---

①　斯诺：《毛泽东自传》，《早年毛泽东：传记、史料与回忆》，第6页。

②　《整顿党的作风》，《毛泽东选集》第3卷，第815页。

③　《关于领导方法的若干问题》，《毛泽东选集》第3卷，第899页。

向群众学习，把他们的经验综合起来，成为更好的有条理的道理和办法，然后再告诉群众（宣传），并号召群众实行起来，解决群众的问题，使群众得到解放和幸福。"① 这与章学诚"学于众人"之论述极其相似。将群众的意见集中起来，就是上文章学诚的"道之迹→道之作"之过程；意见又到群众中去作宣传解释，化为群众的意见，使群众坚持下去，见之于行动，就是"道之器→道之理"之过程。在《实践论》中，毛泽东更为深入系统地把群众路线的认识论发挥到淋漓尽致。"通过实践而发现真理，又通过实践而证实真理和发展真理。从感性认识而能动地发展到理性认识，又从理性认识而能动地指导革命实践，改造主观世界和客观世界。实践、认识、再实践、再认识，这种形式，循环往复以至无穷，而实践和认识之每一循环的内容，都比较地进到了高一级的程度。这就是辩证唯物论的全部认识论，这就是辩证唯物论的知行统一观。"②

新中国成立后在回答外宾提出自己伟大的秘密是什么、力量的源泉是什么时，毛泽东重申了他的群众史观："我没有什么伟大，就是从老百姓那里学了一点知识而已。当然我学了一点马克思主义，但是单学马克思主义还不行，要从中国的特点和事实来研究中国问题。力量的来源是人民群众。不反映人民群众的要求，哪一个也不行。要到人民群众那里学得知识，制定政策，然后再去教育人民群众。所以要想当先生，就得先当学生。"③1964 年同薄一波、李先念、谭震林等谈话

① 《组织起来》，《毛泽东选集》第 3 卷，第 933 页。
② 《实践论》，《毛泽东选集》第 1 卷，第 296—297 页。
③ 《毛泽东年谱（1949—1976）》第 5 卷，第 401 页。

时,谈到全国正在掀起一个学习毛主席著作的热潮,毛泽东说:"那都是以前的著作了。现在也很想写一些东西,但是老了,精神不够了。《毛选》,什么是我的? 这是血的著作。《毛选》里的这些东西,是群众教给我们的,是付出了流血牺牲的代价的。有些文章应该再写,把新的东西写进去。"① 这里所谓"群众教给我们的",即是说,《毛泽东选集》并非凭空产生,而是革命斗争实践的理论总结,是在不断向群众学习过程中凝练的理论精华。同时,在向工农群众学习、践行群众路线之时,毛泽东承继了章太炎以来关于人民群众与知识分子在真正的道德品格方面的差距,认为未经改造的知识分子与工农群众在道德纯净方面相比差距甚远,"拿未曾改造的知识分子和工人农民比较,就觉得知识分子不干净了,最干净的还是工人农民,尽管他们手是黑的,脚上有牛屎,还是比资产阶级和小资产阶级知识分子都干净"。知识分子要想真正向工农群众学习,必须走群众路线,深入群众,"感情起了变化,由一个阶级变到另一个阶级。我们知识分子出身的文艺工作者,要使自己的作品为群众所欢迎,就得把自己的思想感情来一个变化,来一番改造。没有这个变化,没有这个改造,什么事情都是做不好的,都是格格不入的"。② 如果未真正向群众学习、具备群众感情、坚持工农立场,是学不好、掌握不了真正的马列主义的。"读过马克思主义'本本'的许多人,成了革命叛徒,那些不识字的

---

① 《毛泽东年谱(1949—1976)》第 5 卷,第 329 页。
② 《在延安文艺座谈会上的讲话》,《毛泽东选集》第 3 卷,第 851 页。

工人常常能够很好地掌握马克思主义。"① 由此鲜明表达了毛泽东的人民史观与群众立场。

四 以时为大，与时俱进的真理观

对于六经不能言，而事变之出于后者随时撰述以究之"大道"，章学诚认为必须尊重"时会使然"之历史发展规律。六经乃是周公官师治教合一之政典，但其后官师治教之相分乃势之不得不然，他认为不可泥古不化，"守六籍以言道，则固不可与言夫道矣"。② 不能抱残守缺舍今而求古，"世儒言道，不知即事物而求所以然，故诵法圣人之言，以为圣人别有一道在我辈日用事为之外耳"。③ 因此，必须随时撰述，以时为大，经世为本，这即章学诚"六经皆史"论之核心要义。在他看来，三代以前，官师治教合一，古人不著书，故无私言私学，学者所习自然不出官司典守国家政教。但与此同时，他认为又不能不加辨别地盲目好古复古，特别强调其甚为推崇的"以吏为师"，有其前提即须坚持"礼时为大"之原则。"三王不袭礼，五

---

① 《反对本本主义》，《毛泽东选集》第 1 卷，第 111 页。刘少奇也认为如果没有无产阶级立场在先，就不能掌握马克思主义的理论和方法："我们可以说：一个共产党员如果没有明确而坚定的无产阶级立场，没有正确而纯洁的无产阶级思想意识，要彻底了解和真正掌握马克思列宁主义的理论和方法，并使之成为自己的革命斗争的武器，是不可能的。这也就是说，一个共产党员要有比较好的马克思列宁主义的理论修养，就必须有崇高的无产阶级的立场。"刘少奇：《论共产党员的修养》，人民出版社，1962，第 25 页。

② 章学诚：《原道中》，《文史通义》，第 39 页。

③ 章学诚：《与邵二云论学》，仓修良编注《文史通义新编新注》，第 665 页。

帝不沿乐，不知礼时为大而动言好古，必非真知古制者也。"① 由此可见，在法先王抑或法时王之问题上，毫无疑问章学诚乃后者之极力推崇者。"《传》曰：'礼，时为大。'又曰：'书同文'。盖言贵时王之制度也。学者但诵先圣遗言，而不达时王之制度，是以文为鞶帨绮绣之玩而学为斗奇射覆之资，不复计其实用也。"② 因此，不能舍器而求道、舍今而求古，必须以时王之制度为本，"故无志于学则已，君子苟有志于学，则必求当代典章以切于人伦日用，必求官司掌故而通于经术精微，则学为实事而文非空言，所谓有体必有用也。不知当代而言好古，不通掌故而言经术，则鞶帨之文，射覆之学，虽极精能，其无当于实用也审矣"。③

以时为大、经世为本之思想，由章太炎到范文澜一以贯之，承继下来。章太炎首先"夷六艺于古史"，把六经仅作为可征信的古史材料，而非圣人为万世立法之圣经，消解了其神圣性与权威性。同时，他跳出经学思维模式，改变传统"读书得知"之一途，主张向客观世界求道，书籍"不过是学问的一项，真求学的，还要靠书籍以外的经验"。"理论和事实合才算好，理论和事实不合就不好，不必问他有用没用。"④ 而在范文澜看来，不能如传统儒家经生那样把六经只当成终日诵读的神圣教条，"经书里面虽然记载着某人做过什么事，说过什么话，行过什么制度，可是这些记载是当时的实录呢，还是后人

---

① 章学诚：《史释》，《文史通义》，第70页。
② 章学诚：《史释》，《文史通义》，第69页。
③ 章学诚：《史释》，《文史通义》，第69页。
④ 《论教育的根本要从自国自心发出来》，《章太炎学术史论集》，云南人民出版社，2008，第9页。

所追述；是完全可信呢，还是杂有虚伪。经作为古史来研究，问题自
能得到适当的解答，经作为'圣训'来背诵，死教条成为束缚思想的
桎梏"。① 同时，在他看来，经学是封建社会之产物，如其不能与时
俱进，最终命运亦是与封建社会一同消亡。"经学依封建主义而萌芽，
而发展，而没落，而死亡。既然中国封建社会趋于崩溃，它的上层建
筑之一的经学，当然不能无根而生存。"② "经学家如果不放弃'旧窠
臼'，不别寻新的康庄大道，'末路'的前面摆着是'死路'。"③ 范文
澜认为在五四后之新时代，经学发展"新的康庄大道"即是"变经学
为史学"，"如果在新民主主义革命时代还有人幻想着继承'道统'，
（尧舜禹汤文武周孔孟'我'的那个道统）企图用'读经'方法麻痹
青年，放弃革命。这类人毫无疑问一定的封建残余分子或者是投靠帝
国主义的奴化分子。……所以新民主主义的文化革命，必需改变经学
为史学，必须反对顽固性的道统观念"。④ 这样，经学虽从神圣的宝座
上走下来，却纳经入史，经学在丰富的历史实践中走向新生。特别值
得一提的是，1958 年范文澜在《人民日报》上发表《历史研究必须厚
今薄古》一文，明确指出"明显地反映出当时政治生活的历史著作。
终究是史学的正常形态，是史学的主流，自《春秋》以至《国粹学报
史篇》都应是代表各个时期的历史著作。此外，不反映当时政治生活

① 《中国经学史的演变》，《范文澜历史论文选集》，第 267 页。
② 《中国经学史的演变》，《范文澜历史论文选集》，第 298 页。
③ 《中国经学史的演变》，《范文澜历史论文选集》，第 296 页。
④ 《中国经学史的演变》，《范文澜历史论文选集》，第 299 页。

的史书,只能作为变态支流而存在"。① 值得指出的是,章学诚"六经皆史"论内含的六经乃先王之政典,都是时王从治国理政实践中得来的真实史学记载而非空言教训,此一思想被范文澜完全承继下来:"学古代史的读了近代史,学近代史的读了古代史,如果不读今天的历史,那还是坐在'禁闭室'里。今天的历史,主要就是《人民日报》。在《人民日报》上,党中央的文件和重要的社论,自然是解决中国当前具体问题的马克思列宁主义,就是其他文章,也有很多是含有马克思列宁主义的。"②《人民日报》就是当代中国的典章政教,对《人民日报》地位和作用的强调即凸显了范文澜与时俱进的真理观。

毛泽东认为马克思主义并非"万古不变的教条",并没有穷尽真理,只要人类历史在向前发展,真理亦会向前发展,马克思主义也必然随之向前发展。虽然毛泽东反复强调要尊重从孔夫子到孙中山以来的历史,不能割断自己的历史,并且要注重吸收其中的民主性与革命性的精华,但他强调这种尊重不是盲目复古、颂古非今,而是必须坚持唯物史观,给予历史一定的科学地位,"对于人民群众和青年学生,主要地不是引导他们向后看,而是要引导他们向前看"。③ 这即

---

① 《历史研究必须厚今薄古》,《范文澜历史论文选集》,第224页。就在文章发表十天后的中共八大二次会议上,毛泽东讲到范文澜这篇文章时,喜悦之情溢于言表:"范文澜同志最近写了一篇文章,《历史研究必须厚今薄古》,我看了很高兴。这是站起来讲话了。这篇文章引用了很多事实证明厚今薄古是史学的传统。敢于站起来讲话,这才像个样子。""这篇文章讲的道理很重要,研究历史的人应该注意。"毛泽东:《在中共八大二次会议上的讲话》,转引自王子今《毛泽东与中国史学》,中共中央党校出版社,1993,第216页。

② 《历史研究中的几个问题》,《范文澜历史论文选集》,第216页。

③ 《新民主主义论》,《毛泽东选集》第2卷,第708页。

是毛泽东的真理观。马克思曾言："光是思想竭力体现为现实是不够的，现实本身应当力求趋向思想。"① 思想必须与现实保持一种动态平衡。社会实践的过程是无穷的，决定了人的认识过程也是无穷的，这亦内在规定了人类在认识绝对真理过程中的相对性。包括马克思在内的人类任何伟人都是身处特定时代之中，这就决定了认识真理过程之相对性，任何人都不可能掌握绝对真理，只能是认识绝对真理过程中的一部分、一环节。在《实践论》中，毛泽东对其坚持的真理观作了精辟总结："马克思主义者承认，在绝对的总的宇宙发展过程中，各个具体过程的发展都是相对的，因而在绝对真理的长河中，人们对于在各个一定发展阶段上的具体过程的认识只具有相对的真理性。无数相对的真理之总和，就是绝对的真理。……客观现实世界的变化运动永远没有完结，人们在实践中对于真理的认识也就永远没有完结。马克思列宁主义并没有结束真理，而是在实践中不断地开辟认识真理的道路。我们的结论是主观和客观、理论和实践、知和行的具体的历史的统一，反对一切离开具体历史的'左'的或右的错误思想。"② 直至晚年，他仍然坚持与时俱进的真理观，在一份批语中十分尖锐地指出："绝对权威的提法不妥。从来没有单独的绝对权威，凡权威都是相对的，凡绝对的东西都只存在相对的东西之中，犹如绝对真理是无数相对真理的总和，绝对真理只存在于各个相对真理之中一样。"③ 在中共八大二次会议上，毛泽东在实事求是评价马克思地位的同时，认为

① 《马克思恩格斯全集》第 1 卷，人民出版社，1960，第 462 页。
② 《实践论》，《毛泽东选集》第 1 卷，第 295—296 页。
③ 《建国以来毛泽东文稿》第 12 册，中央文献出版社，1998，第 455 页。

中国的理论必须从实践中靠中国同志来总结发展："怕马克思，我在成都会议上讲过不要怕嘛。列宁说的和做的许多东西超过了马克思，如《帝国主义论》，还有马克思没有做十月革命，列宁做了。马克思没有做过中国这样大的革命，我们的实践超过了马克思，实践当中是要出道理的。这种革命的实践，反映在意识形态上，这就是理论。不要妄自菲薄，不要看不起自己。"① 并十分谦虚地说："我是他们的一个学生，我只是把马克思列宁主义运用到中国革命实践中去。我没有什么著作，只是些历史事实的记录。"② 毛泽东特别强调："我的那些东西还有用？那些是历史资料了，只能参考参考。"③ 在 1964 年一次中央政治局常委扩大会议上，当康生提到出版《毛泽东选集》第二版时，毛泽东当即说："现在学这些东西，我很惭愧，那些都是古董了，应当把现在新的东西写进去。"④ 进而在 1966 年 3 月 20 日中央政治局常委扩大会议上，当林彪提出"要学毛主席"时，毛泽东特别强调不要迷信各种语录，受各种教条束缚，而是要勇于突破，敢于创造各种新论点，作

---

① 《毛泽东年谱（1949—1976）》第 3 卷，第 345 页。

② 《毛泽东年谱（1949—1976）》第 6 卷，第 181 页。就在 1939 年，张申府在学习毛泽东的政治报告《论新阶段》时曾这样说："中国近年有些人有一种只读外来东西不读本国东西，或不重视本国东西的风气。不但不读或不重视本国古来的东西，更不读或不重视本国今人的东西。……这实在是一种要不得的毛病，应该革除的心习，不自信而奴化的表征。我们认为马克思列宁主义是应该研究的……在中国，如果承认真正切实可贵的实践知识是来自实践的，那么，多年在中国领导革命实践的人的著作，当然应该极宝贵之。但宝贵不应该只是珍藏起来，乃应该研读，乃应该学习。"这里蕴含的意思是共产党人当然应该研读马克思主义经典著作，但为了能更彻底有效地解决中国革命问题，必须首先学习毛泽东等革命领袖根据革命实践得来的宝贵知识。见张申府《论中国化》，《什么是新启蒙运动》，第 146 页。

③ 《毛泽东年谱（1949—1976）》第 5 卷，第 472 页。

④ 《毛泽东年谱（1949—1976）》第 5 卷，第 359 页。

出新解释。这正是把马克思主义之经，成功地运用于中国之史即革命实践中，与时俱进地推进了马克思主义中国化。

与此同时，毛泽东认为必须与时俱进地认识国情，正确判断中国革命运动的特点，"当前的运动的特点是什么？它有什么规律性？如何指导这个运动？这些都是实际的问题。直到今天……还没有懂得中国的全部。运动在发展中，又有新的东西在前头，新东西是层出不穷的"。[①]特别是在三年困难时期，毛泽东进一步阐释和发展了他与时俱进的真理观："哪里有完全不犯错误、一次就完成了真理的所谓圣人呢？真理不是一次完成的，而是逐步完成的。我们是辩证唯物论的认识论者，不是形而上学的认识论者。自由是必然的认识和世界的改造。由必然王国到自由王国的飞跃，是在一个长期认识过程中逐步地完成的。对于我国的社会主义革命和建设，我们已经有了十年的经验了，已经懂得了不少的东西了。但是我们对于社会主义时期的革命和建设，还有一个很大的盲目性，还有一个很大的未被认识的必然王国，我们还不深刻地认识它。我们要以第二个十年时间去调查它，去研究它，从其中找出它的固有的规律，以便利用这些规律为社会主义的革命和建设服务。"[②]这里所言的从社会主义革命和实践中"找出它的固有的规律"与章学诚"六经皆史"论中内含的"夫道备于六经，义蕴之匿于前者，章句训诂足以发明之。事变之出于后者，六经不能言，固贵约六经之旨而随时撰述以究大道也"，[③]可谓一脉相承，一以

---

① 《中国共产党在民族战争中的地位》，《毛泽东选集》第 2 卷，第 534 页。
② 《主动权来自实事求是》，《毛泽东文集》第 8 卷，第 198 页。
③ 章学诚：《原道下》，《文史通义》，第 41 页。

贯之。毛泽东把自己的著作视为中国革命实践的历史记录、历史资料，甚至是古董，只能起参考作用，他深知社会主义的建设实践还在不断发展，总结实践经验的理论规律亦要不断发展，追求真理的过程是无穷的。因此，毛泽东认为如果共产党人不能坚持与时俱进的真理观，那他就不是真正意义上的马克思主义者。

五 革命者之心性

近代以降，中华民族遭遇数千年未有之变局，开启以救亡为核心的革命进程，从太平天国起义、辛亥革命、北伐战争，直至土地革命、抗日战争、解放战争等，战争与革命相互交织，成为近代以来中国历史进程之主题。但革命特别是中国共产党领导的人民革命，并非从天而降而是渊源有自，既有西方思想特别是马克思列宁主义革命理论的影响，更有数千年中华民族文明基因中蕴含的"顺天应人"的革命传统。外因只有通过内因才能起作用，包括马克思主义在内的任何外来思想必须本土化，与中国历史文化深相结合，才能指导中国革命之实践。1943 年共产国际解散之际，中国共产党明确以中央决定的形式指出文明与革命的这种内生性逻辑："革命不能输出，亦不能输入，而只能由每个民族内部的发展所引起。这是马克思列宁主义者从来所阐发的真理，中国共产党的实践，完全把这个真理证明了。在此种情况下，共产国际的解散，将使中国共产党人的自信心与创造性更加加强。"[1]

---

[1] 《中共中央关于共产国际执委主席团提议解散共产国际的决定》（1943 年 5 月 26 日），中共中央文献研究室、中央档案馆编《建党以来重要文献选编》第 20 册，中央文献出版社，2011，第 318 页。

中国共产党领导的人民革命必须立足于中华民族深厚的文明传统。《中华人民共和国宪法》开篇即言："中国是世界上历史最悠久的国家之一。中国各族人民共同创造了光辉灿烂的文化，具有光荣的革命传统。"①宪法的文本叙事即蕴含一种深刻的文明与革命的辩证互动关系，文明孕育革命，革命塑造文明。在如中华文明这样一个绵延数千年的伟大文明体中，革命逻辑必须遵循中国历史的发展法则和民族特点，革命精神有其内生性的历史传承，这即是一种革命传统。毛泽东在《中国革命和中国共产党》一文中鲜明地指出："中华民族不但以刻苦耐劳著称于世，同时又是酷爱自由、富于革命传统的民族。以汉族的历史为例，可以证明中国人民是不能忍受黑暗势力的统治的，他们每次都用革命的手段达到推翻和改造这种统治的目的。在汉族的数千年的历史上，有过大小几百次的农民起义，反抗地主和贵族的黑暗统治。而多数朝代的更换，都是由于农民起义的力量才能得到成功的。中华民族的各族人民都反对外来民族的压迫，都要用反抗的手段解除这种压迫。他们赞成平等的联合，而不赞成互相压迫。在中华民族的几千年的历史中，产生了很多的民族英雄和革命领袖。所以，中华民族又是一个有光荣的革命传统和优秀的历史遗产的民族。"②对内反抗地主和贵族的统治剥削，对外抵抗外来民族的侵略压迫，这就是数千年来中华民族一以贯之的革命精神传统。

鸦片战争以后，中华民族被迫开启了反抗帝国主义列强的革命抗争史，历经百余年的革命历程，无论之前谁是革命的领导阶级，中国革

---

① 《中华人民共和国宪法》，人民出版社，2018，第2页。
② 《中国革命和中国共产党》，《毛泽东选集》第2卷，第623页。

命可谓命途多舛。而在中国共产党领导之下,中国革命之所以能焕然一新、焕发生机活力,即是因中国共产党领导的中国革命是从中国历史文化传统的土壤中生长起来,有其革命与文明的内生性逻辑,只有扎根于文明传统与中国大地的革命才会获得永不枯竭的力量之源。延安时期,我们党鲜明指出:"中国共产党,就是这样顺天应人产生出来的。中国共产党的产生,既非'外来的',也不是几个人凭空制造出来的。它的所以发生,所以发展,所以没有人能把它取消得掉,那是因为中华民族的历史发展要求有这样一个政党。"① 胡乔木晚年亦深刻反思道:"中国文化在中国革命中发挥了很大作用。中国为什么能接受马克思主义? 我们很需要认真研究,答复这个问题。"② 中国共产党人的革命精神深受中华文明深厚的革命传统影响,革命精神本身即是在应对近代以来变局与危机历史时刻的自然呈现,革命精神传统一以贯之。

深受浙东史学传统影响的章学诚,虽非如浙东同姓后生章太炎那样具有强烈的"反满"抗清之激烈言行,但他继承了经世致用之浙东史学精神,"不得已"以史学相号召,反对当时日益狭隘腐败的社会政治环境。在与友人信中曾这样自白:"鄙著《通义》之书,诸知己者许其可与论文,不知中多有为之言,不尽为文史计者,关于身世有所枨触,发愤而笔于书。尝谓百年而后,有能许《通义》文辞与老杜歌诗同其沈郁,是仆身后之桓谭也。"③ 发愤于书,以桓谭自喻,可

---

① 《中国共产党与中华民族——为中共二十二周年纪念而作》,《解放日报》1943 年 7 月 1 日,《建党以来重要文献选编》第 20 册,第 372 页。

② 《党史研究中的两个重要理论问题》,《胡乔木谈中共党史》,第 230 页。

③ 章学诚:《又与朱少白》,仓修良编注《文史通义新编新注》,第 775 页。

见章学诚心中对于当世之不满。同时，与戴震等人对理学乃桎梏束缚之学术批判不同，章学诚不畏风险，直接投身于社会政治批判："由官迫民反观之，则吏治一日不清，逆贼一日得借口以惑众也。以良民胁从推之，则吏治之坏，恐亦有类于胁从者也。盖事有必至，理有固然。……其最与寇患相呼吸者，情知亏空为患，而上下相与讲求弥补，谓之'设法'……'设法'者巧取于民之别名耳。……盖既讲'设法'，上下不能不讲'通融'，州县有千金之通融，则胥役得乘而牟万金之利，督抚有万金之'通融'，州县得乘而谋十万之利。……侧闻所'设'之'法'，有通扣养廉，而不问有无亏项者矣；有因一州县所亏之大，而分累数州县者矣；有人地本属相宜，特因不善'设法'，上司委员代署，而勒本员间坐会城，或令代摄佐贰者矣；有贪劣有据，勒令缴出赃金，而掩覆其事者矣；有声名向属狼藉，幸未破案，而丁故回籍，或升调别省，勒令罚金若干，免其查究者矣；有膴腴之缺，不问人地宜否，但能担任'弥补'，许买升调者矣；……种种意料难测，笔墨难罄之弊，皆由'设法'而生也。"[1] 章学诚十分尖锐地用了"笔墨难罄之弊"来针砭时弊，就此而言，其真继承了清初顾炎武、黄宗羲等人的反抗精神。在其所处之世，思想控制日益严重，能提出此时论实属勇气可嘉，真不愧为"浙东史学殿军"。

同样深受浙东史学经世致用传统影响的章太炎，自幼便立志"反满抗清"之革命。在国事艰难、外夷日侵之际，章太炎特别看重顾炎武的"行己有耻，博学于文"八字，他激烈抨击当局的不抵抗主

---

① 章学诚:《上执政论时务书》,《章氏遗书》卷二十九，文物出版社，1985，第328页。

义,指出"救世之道,首须尚全节",并强调:"人能知耻,方能立国,遇难而不思抵抗,即为无耻,因知耻近乎勇,既不知耻,即无勇可言。"① 以此激励青年学子增进人格修养,增强爱国之心。晚年章太炎曾言:"昔人读史,注意一代之兴亡,今日情势有异,目光亦须变换,当注意全国之兴亡,此读史之要义也。经与史关系至深,章实斋云'六经皆史',此言是也。"② 他始终主张不可盲目埋头于书本,读书不在于量之多少,但必须能通经致用,进而有效指导实践。"单靠书本上的知识,不是崇拜着西洋各国情势隔膜的制度,便是拘泥着东方古代早已过去的陈规。……最要紧的,是亲自埋头干去,在干的中间,积蓄你如何如何的经验,绝非在书本上讲堂内,随便看看谈谈,可以了事。"③ 由此可见,章太炎非常重视"六经皆史"的经史关系论,并以此为基础重建经史关系之方法论,注重从数千年经典中所积淀下来的民族意识与爱国情怀。尤其在内忧日重、外患日深之际,力图以"国粹激动种性,增进爱国的热肠",④ 用革命之志、斗争之行来捍卫中华民族之尊严。由此,我们可以体悟到,在中国经史传统中,并没有脱离历史与政治的纯而又纯的学术,学术与历史政治自来是孪生兄

① 《在青岛大学讲"行己有耻,博学于文"》,《章太炎全集》第14卷《演讲集》(上),第453页。
② 《历史之重要》,《章太炎全集》第15卷《演讲集》(下),第599页。
③ 《经义与治事》,《章太炎全集》第14卷《演讲集》(上),第457页。
④ 《在东京留学生欢迎会上之演讲》,《章太炎全集》第14卷《演讲集》(上),第1页。周予同在《从顾炎武到章炳麟》一文曾指出顾炎武开创的"博学于文"与"行己有耻",认为这是与顾炎武抗清斗争的政治实践相结合,企图用经学来保护民族意识,读书与抗清联结,著述与致用一致。在此方面乾嘉汉学先生们却有意回避顾炎武的经世思想,阉割其抗清精神。而章太炎基于"排满"革命之需要,则明显继承了顾炎武之经世内容,发挥了他的民族主义思想。见朱维铮编《周予同经学史论著选集》,第754—771页。

弟，经史观与革命实践精神紧密相关，经史关系之变迁与重构，造就了中国革命精神。①

章太炎的革命精神，尤为其得意门生鲁迅所看重。鲁迅认为太炎先生的主要身份并非儒宗，所从事的主要事业亦非经学、小学，而主要是作为有学问的革命家、作为战士，战斗的一生。"战斗的文章，乃是先生一生中最大，最久的业绩，假使未备，我以为是应该——辑录，校印，使先生和后生相印，活在战斗者的心中的。"但令鲁迅尤为痛惜的是："太炎先生虽先前也以革命家现身，后来却退居于宁静的学者，用自己所手造的和别人所帮造的墙，和时代隔绝了。"②其因在于，作为革命者的章太炎本身还不是现代资产阶级民主革命意义上的革命者（更遑论无产阶级革命者），而只是一个深受浙东史学夷夏观念影响的民族主义意义上的革命者。这在如下一段话中体现得淋漓尽致："吾侪所志，在光复中国而已。光复者，义所任，情所迫也。光复以后，复设共和政府，则不得已而为之也，非义所任，情所迫也。"③在章太炎看来，光复事业乃是"义所任，情所迫"，民主共和则是"非义所任，非情所迫"，无论君主立宪抑或民主共和，均是代议政体，认为其一无是处，对其猛烈抨击。特别是辛亥革命后，章太炎逐渐退出革命阵营，从其复电武昌谭人凤诸人之电报可窥见一斑："革

① 在1929年写作的《康有为与章太炎》一文中，周予同深刻指出了经史观与革命实践之内在关系："中国革命思想的萌芽，不出于全部民众之事实的需求，而由于少数青年之情感的冒险；而指导这少数青年从事革命之学术思想，则又不是出于美国独立与法国革命的理论，而是出于中国固有的常州经今文学派与浙东史学派的学术。"见朱维铮编《周予同经学史论著选集》，第108页。

② 《关于太炎先生二三事》，《鲁迅全集》第6卷，第565—567页。

③ 《章太炎全集》第4集，上海人民出版社，1985，第87页。

命军起,革命党消,天下为公,乃克有济。今读来电,以革命党人召集革命党人,是欲以一党组织政府,若守此见,人心解体矣。诸君能战即战,不能战,弗以党见破坏大局。章炳麟。文。"①在章太炎看来,同盟会等属于秘密组织,典型的"革命党",与西方现代议会制基础上的"政党"有着本质区别。只有消除具有破坏性意义的"革命党",才能真正进入共和政治建设性意义上的"选举政党"。由此,章太炎认为"革命党"乃以推翻现政权为使命,现清朝已被推翻,历史使命已实现,"革命党"及其附属之革命精神即可退出历史舞台。②

对此,鲁迅始终耿耿于怀,认为必须把太炎先生从"宁静的学者"拯救出来,还原其"有学问的革命家",让人永远铭记其革命精神。本受章师的思想影响甚深,为何后来又对老师耿耿于怀?侯外庐认为这并非章太炎变了,而是因鲁迅思想自身有一个前后期的蜕变过程。"在反对传统,提倡个性方面,正体现了'拆散'旧社会的,反封建的战斗姿态,所以,鲁迅早期的个性主义的精神与章

---

① 《章炳麟之消弭党见》,《大公报》1911 年 12 月 12 日,第 5 版。

② 孙中山对此甚为不满。1911 年 12 月 30 日在上海召开的讨论同盟会改组会议上,孙中山严厉批评了章太炎的主张:"吾党偏怯者流,乃唱为'革命事起,革命党消'之言,公然登诸报纸,至可怪也。此不特不明乎利害之势,于本会所持之主义而亦瞀之。是儒生阘茸之言,无一粲之值。"见《中国同盟会意见书》,广东社会科学院民国史研究室等编《孙中山全集》第 1 卷,中华书局,2011,第 578 页。孙中山认为辛亥革命虽已成功,但人民未晓革命真理,不能消磨党人之革命意志。"当予未到上海之前,中外各报皆多传布谓予带有巨款回国,以助革命军。予甫抵上海之日,同志之所望我者以此,中外各报馆访员之所问者亦以此。予答之曰:'予不名一钱也,所带回者,革命之精神耳!'"见《孙文学说》,《孙中山全集》第 6 卷,第 246 页。晚年在总结一生之学说时,孙中山认为其学无所谓专,但其中有一以贯之的革命精神:"余所治者乃革命之学问也。凡一切学术,有可以助余革命之知识及能力者,余皆用以为研究之原料,而组成余之'革命学'也。"见《与邵元冲的谈话》,《孙中山全集》第 5 卷,第 55 页。

太炎一生的倾向实甚一致。"而在目睹革命后新制度不过是"招牌虽换，货色照旧"后，鲁迅愤怒了，其思想逐渐开始转变。"鲁迅不同于章太炎者，在其后期的转变。当无产阶级登上中国民主革命领导地位时，鲁迅在新的阶级身上看到了革命的新前景和新希望，他与时俱进，抛弃了个性主义，接受了马克思主义，转变成无产阶级的战士。章太炎则在袁世凯称帝后不久就逐渐消沉了、退匿了，'弃俗就真'，陷入唯心主义，随一个时代的结束而结束了他思想的生命力。"①正是因逐渐接受马克思主义，进而思想蜕变成为无产阶级战士，鲁迅对思想仍停留于原地甚至意志逐渐走向消沉的章师便耿耿于怀。与其师章太炎的革命精神不彻底不同，在鲁迅看来，孙中山的一生是革命的，不愧为革命先行者，始终坚持革命，是一位彻底的革命战士。"中山先生的一生历史具在，站出世间来就是革命，失败了还是革命；中华民国成立之后，也没有满足过，没有安逸过，仍然继续着进向近于完全的革命的工作。直到临终之际，他说道：革命尚未成功，同志仍须努力！"并进而强调："他是一个全体，永远的革命者。无论所做的那一件，全都是革命。无论后人如何吹求他，冷落他，他终于全都是革命。"②对此革命伟人的崇高人格与斗争精神，鲁迅内心肃然起敬，竭力维护革命先行者之尊严。鲁迅当然知道，一时兴起反抗现状之革命易，能始终保持崇高革命理想的不断革命甚难，在漫长的革命征程上能够称为真正革命者如孙中山先生者甚少，"每一革命部队的突起，战士大抵不过是反抗

---

① 侯外庐：《韧的追求》，人民出版社，2015，第 198 页。
② 《中山先生逝世后一周年》，《鲁迅全集》第 7 卷，第 305—306 页。

现状这一种意思,大略相同,终极目的是极为歧异的。或者为社会,或者为小集团,或者为一个爱人,或者为自己,或者简直为了自杀。……自然,因为终极目的的不同,在行进时,也时时有人退伍,有人落荒,有人颓唐,有人叛变,然而只要无碍于进行,则愈到后来,这队伍也就愈成为纯粹,精锐的队伍了"。① 对于鲁迅为何把"是一个全体"的无尚崇高之荣誉给予了革命者孙中山而非其授业恩师章太炎,陈旭麓作了十分精辟之论析:"'他是一个全体',又何所指而言?我们知道,从戊戌维新到辛亥革命再到'五四'运动,为时只有 20 余年,可是许多在前进中呐喊的人,却经受不住革命的挫折和时间的考验,有的停滞了,有的颓废了,有的站到时代的对立面去了。而孙中山在辛亥革命后的一再挫折中,从不泄气,继续为中国寻找新的出路,接受新的启导,与敌人斗,与自己的'同志'斗,直到他停止呼吸。所以'是一个全体'。从鲁迅的另一篇文章,脍炙人口的《关于太炎先生二三事》,也可得到印证。章太炎是个富有学问的革命家,是鲁迅的老师,鲁迅对他非常尊重,尊重他'七被追捕,三入牢狱'而不屈不挠的民族气节,却不说他'是一个全体',因为'太炎先生虽先前也以革命家现身,后来却退居于宁静的学者,用自己所手造的墙和别人所帮造的墙,和时代隔绝了'。这同孙中山'自强不息'的晚年有所不同。当然,'全体'只是给人一个不可分割的、始终不渝的坚强形象,并不是说他没有瑕疵。"② 在一篇名为《战士与苍蝇》的文章中,鲁迅用他

---

① 《非革命的急进革命论者》,《鲁迅全集》第 4 卷,第 231 页。
② 陈旭麓:《近代中国人物论》,九州出版社,2019,第 335 页。

那辛辣锐利的语言表达了对战士人格的无限崇敬，以及对苍蝇品性
之辛辣鄙薄，"有缺点的战士终竟是战士，完美的苍蝇也终竟不过
是苍蝇"。① 之后不久，在另一篇文章中鲁迅十分明确地指出了战
士和苍蝇之隐喻所在："所谓战士者，是指中山先生和民国元年前
后殉国而反受奴才们讥笑糟蹋的先烈；苍蝇则当然是指奴才们。"②
鲁迅深知，在日趋崩溃向下沉沦之中国，所急需的就是这种先锋队
的革命精神，将革命进行到底之精神。有了这种精神，就能不断
造就革命新人，"永远带领着新的革命者前行，一同努力于进向近
于完全的革命的工作"。③ 在《文艺与政治的歧途》一文中，鲁迅
进一步阐释了革命文学的深刻内涵："以革命文学自命的，一定不
是革命文学，世间那有满意现状的革命文学？除了吃麻醉药！"在
他看来，那些以革命文学自命的人，表面上看是在颂扬革命，其
实是颂扬权力的假革命，"革命成功以后，闲空了一点；有人恭维
革命，有人颂扬革命，这已不是革命文学。他们恭维革命颂扬革
命，就是颂扬有权力者，和革命有什么关系？"而在鲁迅看来，真
正的革命文学必须反映社会现实，甚至文艺家不惜牺牲生命去改造
社会，"以前的文艺，好像写别一个社会，我们只要鉴赏；现在的
文艺，就在写我们自己的社会，连我们自己也写进去；在小说里可

---

① 《战士与苍蝇》，《鲁迅全集》第 3 卷，第 40 页。德国著名公法学家施密特高度评价了
　　游击队员即非正规战士"强烈责任感"和"强烈的政治品格"，并强调"做人就是当
　　一名战士"。见〔德〕施密特《游击队理论》，刘小枫编《政治的概念》，刘宗坤等译，
　　上海人民出版社，2015，第 153、157 页。
② 《这是这么一个意思》，《鲁迅全集》第 7 卷，第 275 页。
③ 《中山先生逝世后一周年》，《鲁迅全集》第 7 卷，第 306 页。

以发现社会，也可以发现我们自己；以前的文艺，如隔岸观火，没有什么切身关系；现在的文艺，连自己也烧在这里面，自己一定深深感觉到；一到自己感觉到，一定要参加到社会去！"即使在所谓的革命成功以后，"理想与现实不一致"，真正的革命者不能安于现状，"所谓革命，那不安于现在，不满意于现状的都是"。鲁迅以两位苏联作家在苏维埃成立后不满于现状为例，表达自己作为革命者继续革命的心志："苏俄革命以前，有两个文学家，叶遂宁和梭波里，他们都讴歌过革命，直到后来，他们还是碰死在自己所讴歌希望的现实碑上，那时，苏维埃是成立了！"① 正如日本思想家竹内好对鲁迅之评价："'革命无止境。'真正的革命是'永远革命'。只有自觉到'永远革命'的人才是真正的革命者。相反，高呼'革命成功了'的革命者却都不是真的。他们就像落在战士尸体上的苍蝇。苍蝇们是该唾弃的。"② 鲁迅惜其师章太炎不能将革命进行到底，而更欣赏作为"永远的革命者"的孙中山。也许，鲁迅是以其师章太炎为例，时刻警醒自己在革命事业中切勿半途而废；他更以孙中山为榜样，鞭策自己成为"永远的革命者"。其实于斯二者，鲁迅看到的是他自己，希望成为永远前进的革命战士，"文学家便是用自己的皮肉在挨打的啦"，③ 在敌人的屠戮前可以倒下甚至于牺牲，但绝不能有丝毫的屈

---

① 《文艺与政治的歧途》，《鲁迅全集》第 7 卷，第 120—121 页。

② 〔日〕竹内好：《鲁迅》，《近代的超克》，三联书店，2016，第 187 页。周扬在晚年亦非常惋惜地说："我们那时候，对鲁迅的伟大，认识得很迟，对鲁迅尊重得不够。""论读马列主义的理论书，鲁迅可能没有我们读得多。但是鲁迅有丰富的社会经验，我们远远比不上他。他结合自己对中国社会的深刻理解来学习马列主义，所以他比我们更懂得马列主义的精义。"《几番风雨忆周扬》，《龚育之回忆阎王殿旧事》，第 32 页。

③ 《文艺与政治的歧途》，《鲁迅全集》第 7 卷，第 122 页。

服退缩。

　　与鲁迅同为章氏门生的范文澜早年受教于章氏门人黄侃，深得章
门师承，从他对章太炎之评价中，可见其矛盾两难之心态。首先，他
高度肯定章太炎的"反满"革命性："江浙学人章太炎、刘师培等人
创办的《国粹学报》，以排满复汉为宗旨。在学报里，讲史学主要是
宣传排满，讲经学主要是提倡复汉……早期代表人物并无学术应该和
政治脱离的说法。"① 其次，他强调章太炎的"反满"革命性并非来源
于俗见之古文经学，而是来源于黄宗羲以来一脉相承之浙东史学传
统："古文学派中最后的一个代表人物是章炳麟。他是清末古文经学的
代表。古文经学是学而不思，很难引伸出革命的思想来的。古文学派
中曾出现了许多进步的历史人物，如王充作《论衡》，范缜作《神灭
论》，何承天作《轮回说》，范晔作《无鬼论》，柳宗元作《天说》，
等等，但这只能说明，从古文经学中可以引伸出进步思想。从古文经
学中引伸出政治上革命的思想来是很难的。章太炎虽然是革命分子，
但他的革命思想与古文经学没有关系，他主要是受黄宗羲浙东学派反
满思想的影响。"② 对章太炎这方面的评价，反映了范文澜深厚的经学
功底，对古文经学之识见透彻于心，对古文经学之历史贡献评价独
到，而且他深刻指出了章太炎学而不思的思维方式与政治革命并非孪
生兄弟。同时，范文澜对作为革命元老的章太炎入民国后之表现甚为
不满："章炳麟入民国，政治上碌碌无所表见，学术上反对甲骨文，反

---

① 　《历史研究必须厚今薄古》，《范文澜历史论文选集》，第 223 页。
② 　《经学讲演录》，《范文澜历史论文选集》，第 336 页。

对白话文, 那末, 他依然保守着他的封建顽固性。"① 甚至认为他晚节不保: "近世革命运动中, 章太炎曾经革过满清的命, 但是晚节不终, 不能算是真正革命者。"② 新中国成立后毛泽东在与吴冷西谈话时也曾专门谈及章太炎: "章太炎活了60多岁, 前半生革命正气凛然, 尤以主笔《民报》时期所写的文章锋芒锐利, 所向披靡, 令人神往, 不愧为革命政论家; 虽一度涉足北洋官场, 但心在治经、治史, 以国学家称著。"③ 毛泽东虽然对于章太炎晚年日趋保守亦不甚认同, 但对于青年时期的章太炎所表现出的革命精神甚为欣赏。④ 据毛泽东的资料管理员回忆, 章太炎的《驳康有为书》和有关《苏报》案的材料毛泽东先后要过四次, 对章太炎英勇的革命精神和笔锋犀利的文字, 非常赞佩。在1958年成都会议上, 毛泽东又提到章太炎: 章太炎所以坐班房, 就是因为他写了一篇文章, 叫《驳康有为书》。这篇文章值得一看, 其中有两句"载湉小丑, 不辨菽麦", 直接骂了皇帝。这个时候

---

① 《中国经学史的演变》, 《范文澜历史论文选集》, 第295页。

② 《如果死者能立在山上看的话》, 《范文澜全集》第10卷, 第30页。

③ 吴冷西: 《回忆主席与战友》, 人民出版社, 2016, 第135—136页。

④ 青年时期的毛泽东在长沙就学工作期间可能听过章太炎的现场演讲, 在1920年12月1日给蔡和森等人的信中告知他们: "章太炎在长沙演说, 劝大家读历史, 谓袁段等失败均系不读历史之故。"见《毛泽东书信选集》, 中央文献出版社, 2003, 第5页。又据毛泽东年谱记载, 长沙《大公报》1920年10月26日至11月2日连日刊登《编辑部特别启事》, 内称: "此次国内外名人来湘讲演, 于学术改进, 文化宣传, 所关甚巨。本报为谋各界快睹起见, 特请北京大学哲学士李君济民、北京大学文学士杨君文冕专记杜威、罗素两先生演辞; 唐君汉三、金君绒三、毛君泽东分纪蔡(元培)、章(太炎)、张(溥泉)、吴(稚晖)诸先生演辞。"随后将整理的七篇记录稿在长沙《大公报》陆续发表。见逄先知主编《毛泽东年谱(1893—1949)》上卷, 第69页。另据记载, 毛泽东从1919年11月起, 被湖南《大公报》聘为该报馆外撰述员。见《毛泽东早期文稿》, 第636页。

章太炎年纪还不大，大概三十几岁。[①]

"我以为先生的业绩，留在革命史上的，实在比在学术史上还要大。"[②] 与鲁迅看重其师章太炎"革命家"而非"学问家"的身份一样，毛泽东所看重的鲁迅，首先亦是作为革命家之鲁迅："今天纪念鲁迅先生，首先要认识鲁迅先生，要懂得他在中国革命史中所占的地位。我们纪念他，不仅因为他的文章写得好，是一个伟大的文学家，而且因为他是一个民族解放的急先锋，给革命以很大的助力。""在革命队伍中是一个很优秀的很老练的先锋分子。"[③] 延安时期，鲁迅被毛泽东尊称为"现代中国的圣人""中国的第一等圣人""中国文化革命的伟人"。尤其是在《新民主主义论》中，他集中论述了鲁迅之伟大："鲁迅，就是这个文化新军的最伟大和最英勇的旗手。鲁迅是中国文化革命的主将，他不但是伟大的文学家，而且是伟大的思想家和伟大的革命家。鲁迅的骨头是最硬的，他没有丝毫的奴颜和媚骨，这是殖民地半殖民地人民最可宝贵的性格。鲁迅是在文化战线上，代表全民族的大多数，向着敌人冲锋陷阵的最正确、最勇敢、最坚决、最忠实、最热忱的空前的民族英雄。鲁迅的方向，就是中华民族新文化的方向。"[④] 甚至以鲁迅的诗为全党的座右铭，"鲁迅的两句诗，'横眉冷

---

① 逄先知：《古籍新解，古为今用——记毛泽东读中国文史书》，《毛泽东的读书生活》，第 206 页。

② 《关于太炎先生二三事》，《鲁迅全集》第 6 卷，第 565 页。

③ 《论鲁迅》，《毛泽东文集》第 2 卷，第 42—44 页。

④ 《新民主主义论》，《毛泽东选集》第 2 卷，第 698 页。这个评价，直到晚年也没有变。不仅没有变，还进一步提升了。1971 年 11 月 20 日晚，毛泽东在接见武汉军区和湖北省党、政负责人谈话时说："我劝同志们看看鲁迅的杂文。鲁迅是中国的第一个圣人。中国第一个圣人不是孔夫子，也不是我。我算贤人，是圣人的学生。"《毛泽东年谱（1949—1976）》第 6 卷，第 420 页。

对千夫指,俯首甘为孺子牛',应该成为我们的座右铭。'千夫'在这里就是说敌人,对于无论什么凶恶的敌人我们决不屈服。'孺子'在这里就是说无产阶级和人民大众。一切共产党员,一切革命家,一切革命的文艺工作者,都应该学鲁迅的榜样,做无产阶级和人民大众的'牛',鞠躬尽瘁,死而后已"。[1]毛泽东对鲁迅的这种崇高评价,在中共党内可谓无以复加。特别是在1937年10月19日纪念鲁迅逝世周年大会上,毛泽东作了《论鲁迅》的演讲,把鲁迅精神作了精辟集中之概括,就是鲁迅所具有的政治远见、斗争精神和牺牲精神,这三点亦是毛泽东反复提及的中国共产党人的先锋队精神。[2]尤其指出鲁迅"看清了政治的方向,就向着一个目标奋勇地斗争下去,决不中途投降妥协。有些不彻底的革命者起初是参加斗争的,后来就'开小差'了。……最初大家都是左的,革命的,及到压迫来了,马上有人变节。……他往往是站在战士的血痕中,坚韧地反抗着、呼啸着前进。鲁迅是一个彻底的现实主义者,他丝毫不妥协,他具备坚决的心"。[3]

---

[1]   《在延安文艺座谈会上的讲话》,《毛泽东选集》第3卷,第877页。

[2]   "我们现在需要造就一大批为民族解放而斗争到底的先锋队,要他们去领导群众,组织群众,来完成这历史的任务。首先全国的广大的先锋队要赶紧组织起来。我们共产党是无产阶级的先锋队,同时又是最彻底的民族解放的先锋队。我们要为完成这一任务而苦战到底。"见《论鲁迅》,《毛泽东文集》第2卷,第42页。就在演讲四天后的1937年10月23日,毛泽东为陕北公学成立题词:"要造就一大批人,这些人是革命的先锋队。这些人具有政治远见。这些人充满着斗争精神和牺牲精神。这些人是胸怀坦白的,忠诚的,积极的,与正直的。这些人不谋私利,唯一的为着民族与社会的解放。这些人不怕困难,在困难面前总是坚定的,勇敢向前的。这些人不是狂妄分子,也不是风头主义者,而是脚踏实地富于实际精神的人们。中国要有一大群这样的先锋分子,中国革命的任务就能够顺利的解决。"逄先知主编《毛泽东年谱(1893—1949)》中卷,第34页。

[3]   《论鲁迅》,《毛泽东文集》第2卷,第43—44页。

鲁迅不是党员，并非党组织中之一员，但在毛泽东看来，鲁迅"他的思想、行动、著作，都是马克思主义的。他是党外的布尔什维克"。①新中国成立后毛泽东甚至直言："鲁迅是真正的马克思主义者，是彻底的唯物论者。真正的马克思主义者，彻底的唯物论者，是无所畏惧的。"②尤为毛泽东所看重的，就是鲁迅那彻底革命之精神，只有鲁迅及少数人在革命的道路上毫无畏惧，没有被敌人血淋淋的屠刀所吓倒，没有在反动派的恫吓声中止步不前，而是坚决彻底地富于斗争精神与牺牲精神，将革命进行到底。

毛泽东虽然如此看重鲁迅，两人又同处于近代中国的时空下，却直至 1936 年鲁迅逝世，两人始终未能谋面。③但两人确是"惺惺惜惺惺，好汉识好汉"，晚年的鲁迅对作为革命家与革命战士的毛泽东甚为钦佩。在得知红四军完成长征东渡黄河对日作战时，当即与茅盾联名致信红四军表示祝贺："英雄的红军将领们和士兵们！你们的勇敢的斗争，你们的伟大胜利，是中华民族解放史上最光荣的一页！全国民众期待你们的更大胜利。全国民众正在努力奋斗，为你们的后盾，为

---

① 《论鲁迅》，《毛泽东文集》第 2 卷，第 43 页。
② 《同新闻出版界代表的谈话》，《毛泽东文集》第 7 卷，第 263 页。
③ 1933 年底，冯雪峰从上海抵达中央苏区，而此时毛泽东已被解除领导职务，赋闲在家。毛泽东迫不及待地找冯聊天想了解鲁迅，风趣地提议道："今晚约法三章：一不谈红米南瓜，二不说地主恶霸，我们不谈别的，只谈鲁迅。"见秋石《毛泽东与鲁迅》，上海人民出版社，2017，第 167 页。还十分遗憾地对冯雪峰说："五四时期在北京，弄新文学的人我见过李大钊、陈独秀、胡适、周作人，就是没有见过鲁迅。""我当时曾告诉他，有一个日本人说，全中国只有两个半人懂得中国：一个是蒋介石，一个是鲁迅，半个是毛泽东。毛主席听了哈哈大笑，然后沉思着说：'这个日本人还不简单，他认为鲁迅懂得中国，这是对的。'"见陈琼芝《在两位未谋一面的历史伟人之间——记冯雪峰关于鲁迅与毛泽东关系的一次谈话》，《中国现代文学研究丛刊》1980 年第 3 期。

你们的声援！你们的每一步前进将遇到热烈的拥护和欢迎。"① "在你们身上，寄托着人类和中国的将来。"② 特别是其病重去世前夕，在回复托派组织的信中，全力维护毛泽东的形象，极力赞扬毛泽东所提"各派联合一致抗日"之主张，并极力支持毛泽东基于中国革命实践之理论，"那切切实实，足踏在地上，为着现在中国人的生存而流血奋斗者，我得引为同志，是自以为光荣的"。③ 在鲁迅心中，毛泽东早已是其革命同志。甚至于冯雪峰和他谈及毛泽东与他领导的红军的艰苦卓绝的伟大斗争时，鲁迅自然地露出一种亲切的微笑，用"M"来代称毛泽东，并说："我想，我做一个小兵是还胜任的，用笔。"④ 在毛泽东领导的革命旗帜下，鲁迅甘愿做一名用笔冲锋陷阵的战士。

　　毛泽东又为何如此看重鲁迅？为何如此诠释伟大的鲁迅精神？在笔者看来，这可能是"夫子自道"，毛泽东从鲁迅身上看到了他自己。新中国成立之初率中国代表团访问苏联，同身边工作人员谈话时，毛泽东曾言："我就是爱读鲁迅的书，鲁迅的心和我们是息息相通的。我在延安，夜晚读鲁迅的书，常常忘记了睡觉。"⑤ 在晚年给他人的信中，毛泽东更是坦言："我跟鲁迅的心是相通的。我喜欢他

---

① 《鲁迅、茅盾致红军贺信》，《鲁迅全集》第 14 卷，第 554 页。
② 见唐天然《〈毛泽东论鲁迅〉发表的经过》，《人民日报》1981 年 8 月 19 日，第 8 版。
③ 《答托洛斯基派的信》，《鲁迅全集》第 6 卷，第 610 页。
④ 《冯雪峰忆鲁迅》，河北教育出版社，2001，第 98 页。
⑤ 徐中远：《读鲁迅著作》，《毛泽东的读书生活》，第 184 页。

那样坦率。"① 这里直接把"我们"即共产党人变成了"我"即自己，更加明确了他和鲁迅的精神关系。直至晚年生命垂危之时，毛泽东在《鲁迅全集》线装大字本许多册的封面上还亲笔写了"1975.8 再阅"。② 在 1975 年底到 1976 年初的重要指示中，毛泽东还强调："我建议一二年内读点哲学，读点鲁迅。"③

毛泽东为何这样酷爱鲁迅，二人何以这样"心有灵犀"？可从他们对孙中山革命精神之评价中窥见一斑。与鲁迅视孙中山是一位"永远的革命者"类似，毛泽东也对孙中山的革命精神评价极高："孙先生的伟大，还在他的艰苦奋斗、不屈不挠、再接再厉的革命毅力和革命精神，没有这种毅力，没有这种精神，他的主义与政策是不能实现的。……我以为这三项是孙先生留给我们的最中心最本质最伟大的遗产。"④ 由此可见，之所以与鲁迅的心相通，就在于与鲁迅一样，毛泽东始终坚持革命精神之彻底性，不允许在伟大的革命之

---

① 《给江青的信》，《建国以来毛泽东文稿》第 12 册，人民出版社，1992，第 71 页。曾经批评过鲁迅的周扬，在一篇 1977 年 4 月接受采访的文章中，把鲁迅和毛泽东放在一起评论："我们谈鲁迅的功劳，一个是对社会的了解确实深刻，一个是丰富的历史知识。这两条是很厉害的。毛泽东的伟大也是这两条，其他的许多革命家就不如他。毛泽东、鲁迅，对社会、历史的了解是非常透彻。因为这种了解，所以对马克思的理论可以用。教条主义者，像我们这些人和年轻的人吧，也许读了很多马列主义的书，比方说'创造社'后期的人，都在日本读了很多书，王明这些人也读了些书，但是读了不能用，关键就在这个问题上。因为毛泽东和鲁迅对社会有丰富的了解，有丰富的历史知识，就可以用马克思主义来研究这些问题，如果你没有太多社会、历史知识，你的马列主义就只能变成教条。"参见陈晋《毛鲁之心，何以相通》，《北京日报》2013 年 10 月 14 日，第 20 版。

② 徐中远：《读鲁迅著作》，《毛泽东的读书生活》，第 186 页。

③ 《毛主席重要指示》，《建国以来毛泽东文稿》第 13 册，人民出版社，1992，第 490 页。

④ 《在纪念孙中山逝世十三周年及追悼抗敌阵亡将士大会上的讲话》，《毛泽东文集》第 2 卷，第 111—113 页。

路上止步不前。而对于中途背叛革命之人,毛泽东则深恶痛绝。就在张国焘叛逃后不久,1938 年 5 月 7 日毛泽东在给陕北公学二期学生讲话中即指出:"每个共产党员应该不像他那样,半途放下旗子,要坚定政治方向,牺牲一切而奋斗到底,反对开小差。"[1]1940 年在给吴玉章的寿辰祝词中,毛泽东就是用革命精神之彻底性来夸赞吴老:"我们要学习他的各方面的好处,但特别要学习他对于革命的坚持性。这是最难能可贵的一件事,这是我们党的光荣,这是中国革命的光荣。"[2]这种一以贯之的彻底革命精神,凭何支撑之?对作为诗人的毛泽东与作为文学家的鲁迅而言,二者同样具备一种革命的浪漫主义精神。"有积极的、革命的浪漫主义,也有消极的、复古的浪漫主义。有些人每每望文生义,鄙视浪漫主义,以为浪漫主义就是风花雪月哥哥妹妹的东西。殊不知积极浪漫主义的主要精神是不满现状,用一种革命的热情憧憬将来,这种思潮在历史上曾发生过进步作用。一种艺术作品如果只是单纯地记述现状,而没有对将来的理想的追求,就不能鼓舞人们前进。在现状中看出缺点,同时看出将来的光明和希望,这才是革命的精神,马克思主义者必须有这样的精神。"[3]上述这段既精辟又辩证的重要讲话,并非泛泛之论,而是毛泽东有意为之,演讲的地点恰恰是鲁迅艺术学院。可见,毛泽东把自己与鲁迅都视为具有革命浪漫主义精神的马克思主义战士。

由此,我们可以理解作为彻底革命者的毛泽东,时刻警惕着革

---

① 《毛泽东传》第 2 卷,第 518 页。

② 《吴玉章的寿辰祝词》,《毛泽东文集》第 2 卷,第 263 页。

③ 《在鲁迅艺术学院的讲话》,《毛泽东文集》第 2 卷,第 122 页。

命止步论，一个真正意义上的革命者必须如鲁迅一般做一个坚强的革命战士，将革命进行到底，而非画地为牢、半途而废，甚至最终走到革命对立面，被浩浩荡荡不断向前的革命潮流抛弃。在一份写于延安时期的中央决定中，毛泽东鲜明指出："在多数情形下，一个伟大的斗争过程，其开始阶段、中间阶段和最后阶段的领导骨干，不应该是也不可能是完全同一的；必须不断地提拔在斗争中产生的积极分子，来替换原有骨干中相形见绌的分子，或腐化了的分子。"① 中国近代以来的这个伟大的革命过程，的确只有少数革命意志坚定者才能够慎终如始，一以贯之。即便如章太炎这样的"有学问的革命家"最终亦退却变成"宁静的学者"，这是鲁迅终身耿耿于怀之处，更何况一般革命者呢？因此，革命之过程，在毛泽东看来就是不断培养革命新人的过程，一旦有人在革命斗争过程中止步不前，就必须用革命新人来代替止步之旧人继续革命斗争，直至最后之胜利。由此而言，革命者永远在路上，必须始终保持充沛的革命精神，继续前进，永不屈服妥协，否则只能被革命之洪流拍打，甚至淹没吞噬。由此，我们才能更深刻理解那些在革命过程中，一度被革命洪流淹没吞噬之人的"心得体会"，"研究当代的历史，是一件很有兴味的事情，因为我们都从这历史中走过来。我们曾经竭尽绵薄参与推动这历史，又曾身不由己被这历史所推动。这使我们在研究中产生特殊的亲切感，又产生特殊的沉重感，但并不因此而使我们更容易看清、看懂这历史"。② 的确，这是亲历者对于革命

① 《关于领导方法的若干问题》，《毛泽东选集》第 3 卷，第 898 页。
② 《龚育之回忆阎王殿旧事》，"自序"，第 3 页。

历史之切身体会。而与此稍有隔膜的思想家亦然，日本著名思想家丸山真男对革命过程有如下理解："革命的进展将革命势力卷入其中，革命者自身在这一进程中被革命。这就是'世界'革命的性质，而且只有这种革命才真正担得起进步之名。"① 由此，面对近代以来中国的外忧内困，作为彻底革命者的毛泽东最能够理解同样作为永远革命者的鲁迅，他们的心确系相通着，那都是伟大的革命者与战士的崇高心灵，关注民族危亡，心系天下苍生。

　　作为与鲁迅心灵相通的伟大革命者，毛泽东只有选择"继续革命"，② 才能摆脱历史的无穷无尽的重复与循环，而始终保持"革命"态度的人势必成为自己昔日同伴（革命止步者）的批判者，因为当他们满足于"成功"之时，便陷入了那种历史的循环——这种循环正是真正的革命者的终极革命对象。对于伟大的革命者而言，不论鲁迅、孙中山，还是毛泽东，只能做一个勇往无前的战士。作为战士，也许会倒在前进的革命道路上，但绝不会在革命困难前低下高贵的头颅，亦绝不会有丝毫的妥协屈服。就让那些苟且偷生沾沾自喜的苍蝇去嘲笑吧，战士终归是伟大的战士，精神必将永垂不朽。选择了革命，就意味着一种信仰，必须一以贯之，须臾不能忘，终身不能改。

---

① 〔日〕丸山真男：《现代政治的思想与行动》，陈力卫译，商务印书馆，2018，第359页。亦有学者认为："革命是个反噬其身的怪物，'自己人杀自己人'是'革命'的宿命。这个问题一直困扰着所有左翼。"李零：《大刀阔斧绣花针》，中信出版社，2015，第160页。

② 正如胡乔木晚年在对人论及毛泽东思想时，认为对文化革命的理解，要把它"放在不断革命的范围里讲，说哪一天哪一月开始，我反对。这样讲不通。"由此可见，胡乔木亦是从"不断革命"之一生来贯通毛泽东思想的。见金冲及《一本书的历史：胡乔木、胡绳谈〈中国共产党的七十年〉》，第252页。

余论：道事之间

——经史关系中的历史与信仰

"以事言谓之史，以道言谓之经。事即道，道即事。"[①] 在中国悠久的经史传统中，道与事始终是核心议题。毛泽东在党的七大上给干部推荐马列主义书目时讲了如下一段话："我提出我们要读五本马列主义的书。马克思的一本，就是《共产党宣言》，是和恩格斯合著的，但主要是马克思著的。恩格斯的一本，就是《社会主义从空想到科学的发展》。列宁的两本，一本是《在民主革命中社会民主党的两个策略》，一本是《共产主义运动中的"左派"幼稚病》。列宁这两本书写得很好，马克思、恩格斯写的那两本书也写得很好，这四本书薄薄的，读完它们不用花很多时间。此外，还有斯大林主持写的《联共（布）党史简明教程》，比较厚一点。这本书是历史的，又是理论的，又有历史，又有理论，它是一个胜利的社会主义国家的历史，是马克思主义在俄国成功的历史，这本书要读。前面四本书也既是理论

---

① 　王阳明：《传习录》，第 11 页。

的，又是历史的。"①由此可见，在中国共产党的经典世界中，经史始终是合一的，"既是理论的，又是历史的"。无论是章学诚的"六经皆史"论，还是中国共产党党内的经史问题即马克思主义中国化，都要时刻面对自身经史关系中的事与道即历史与信仰问题。诚如赵汀阳所言："中国有个以历史为本的精神世界，或者说，历史乃中国精神世界之根基。……历史所以成为中国精神世界之本，其根源在于经史一体，所谓六经皆史。经为史提供了精神依据，史让经的精神获得生命，于是，对万事的理解尽在历史维度之中。"②章学诚的"六经皆史"，六经来自有典章制度治国理政实践支撑之古史，中国共产党的"马克思主义中国化"，亦必须把马克思主义立基于丰富的中国革命实践之中，二者的确都是经史一体，以事载道，以史释经，历史与信仰就在实践发展进程之中成为中国人的精神世界。

章学诚在《文史通义》卷首开宗明义："六经皆史也。古人不著书，古人未尝离事而言理。六经皆先王之政典也。"③鲜明地提出"六经皆史"的经史观。在他看来，古无私人之著述，六经皆先王治国理

---

① 《在中国共产党第七次全国代表大会上的口头政治报告》，《毛泽东文集》第 3 卷，第 350—351 页。新中国成立前夕刘少奇在给马列学院学员讲话时亦曾言及党内的经史问题，明确提出历史里边有普遍真理之论断："有的人说：'地理、历史以前学过，又来学，不必要。'我们考虑过，还是学一下好。过去学过，现在再学，也没有什么坏处。过去在北平学习历史、地理，和我们这里有不同的内容、不同的分析。有的同志未学过史、地，学一下更好。不学地理、历史，你就'理论不起来'。你说你的历史知识够了，就考试一下，结果证明，还是要学。历史里边也有普遍真理。我们要用马克思主义的观点来分析历史现象。"见《对马列学院第一班学员的讲话》，《刘少奇选集》上卷，第 417 页。
② 赵汀阳：《历史为本的精神世界》，《江海学刊》2018 年第 5 期。
③ 章学诚：《易教上》，《文史通义》，第 1 页。

政之典章，其中有笔削之义，有圣人心术，亦即有道。同时，道非空言，"未尝离事而言理"，皆有治国理政的实践与制度即有事之真实支撑。"知史学之本于《春秋》，知《春秋》之将以经世……史学所以经世，固非空言著述也。且如六经同出于孔子，先儒以为其功莫大于《春秋》，正以切合当时人事耳。后之言著述者，舍今而求古，舍人事而言性天，则吾不得而知之矣。"① 经非空言教训，史有笔削之义。在此意义上，经史"正以切合当时人事耳"，经即古史，史即新经。特别值得指出的是，章学诚认为知晓周孔之别，关涉古今学术源流。"作者之谓圣，述者之谓明。"（《礼记·乐记》）周孔虽都为圣人，但"自古圣人，其圣虽同，而其所以为圣不必尽同，时会使然也"。② "周公集治统之成，而孔子明立教之极，皆事理之不得不然，而非圣人异于前人，此道法之出于天者也。故隋唐以前，学校并祀周、孔，以周公为先圣，孔子为先师，盖言制作之为圣，而立教之为师。"③ 在章学诚看来，只有德位兼备之圣人才能有制作礼乐刑政、典章制度之权责，六经虽在儒生心目中具有崇高之地位，但"六艺皆周公之政典，故立为经"。周公为六艺之"作者"，六艺乃是周公治国理政的典章制度，切合当时人事，具有经纶治世之效，才具备立为经之可能。而孔子只是六艺之"述者"，"夫子之圣，非逊周公，而《论语》诸篇不称经者，以其非政典也"。④ 章学诚认为，作是立法，述为立教，各因

---

① 章学诚：《浙东学术》，《文史通义》，第170页。
② 章学诚：《原道上》，《文史通义》，第36页。
③ 章学诚：《原道上》，《文史通义》，第36页。
④ 章学诚：《经解下》，《文史通义》，第31页。

时会，各有其功。故"制作之为圣，而立教之为师"，圣、师之间俨然有其别。周公乃立法者，孔子为立教者，时会使然。

由此，"六经皆史"看似有尊史抑经之嫌疑，但其实并非如此。章学诚并非疑经之人，对经即道之信仰，可谓笃信不疑。"若夫殷因夏礼，百世可知。损益虽曰随时，未有薄尧、舜而诋斥禹、汤、文、武、周公而可以为治者。李斯请禁《诗》、《书》，君子以谓愚之首也。后世之去唐、虞、三代，则更远矣。要其一朝典制，可以垂奕世而致一时之治平者，未有不于古先圣王之道得其仿佛者也。故当代典章，官司掌故，未有不可通于《诗》、《书》六艺之所垂。"① 对于古先圣王开辟的经学道统，章学诚不敢懈怠，始终心存敬畏，特别强调当代典章官司掌故都要师取道统之精髓，以应后世之治平。对于孔子"述而不作，而表章六艺，以存周公之旧典"，② 更是赞赏有加，推崇备至。正如有学者所言："孔子之立教，虽非制度立法，却是精神立法。司马迁就认为孔子之功不止于'述'，实为精神立法之'作'：'论诗书，作春秋，学者至今则之'。(《史记·卷一百三十·太史公自序》) 孔子'作'春秋，确认了史学在中国精神世界中至上不移之地位，几将历史化为信仰。"③ 与其说章氏的基本立场为尊史抑经，还不如说是在尊经之前提下纳史入经，尊史为经。章学诚提出"六经皆史"，目的是"为千古史学辟其榛芜"，④ 正如其晚年自辩：《通义》所争，但求

① 章学诚：《史释》，《文史通义》，第 70 页。
② 章学诚：《原道中》，《文史通义》，第 39 页。
③ 赵汀阳：《历史之道：意义链和问题链》，《哲学研究》2019 年第 1 期。
④ 章学诚：《与汪龙庄书》，仓修良编注《文史通义新编新注》，第 694 页。

古人大体，初不知有经史门户之见也。"[1]内含其高亢之三代复古理想，即以史学作为一切经典之根柢，让经学即对道之信仰，不再悬置于空言，而是有其坚实的经世史学基础。这样一来，经之地位即道之信仰更加巩固，同时又把史学抬升于作为经即信仰的合法性基础地位。正如有学者所言："中国是一个历史感很强的民族。中国没有西方意义上的宗教，也没有西方意义上的哲学，中国的史学承载着西方史学、哲学和宗教三重责任，维系着中华民族的文化认同。章学诚讲'六经皆史'，我觉得非常深刻。"[2]与此同时，乾嘉时代重考据词章的"汉学"以及空谈性命义理的"宋学"盛行一时，章学诚之所以提出"六经皆史"还有一更为重要之目的，即锋芒直指空谈性命之"宋学"和务求考据之"汉学"，"夫六经，皆先王得位行道，经纬世宙之迹，而非托于空言"，"史学所以经世，固非空言著述"，要让经史之学"切人事"，服务于经世致用这一主题。因此，六经并非空言，史学亦非材料，信仰基于正史，历史亦有经训，经即古史，史即新经。正如汪晖所言："在复杂变化的历史关系中，坚持礼制的形式主义是无用的，一味考据古制和经书的礼义也是不够的，重要的是通古今之变，从活生生的生活实践内部来理解世界，从'自然'之中理解'不得不然'。这就是章学诚的历史观。"[3]由此，经立基于源源不断的制度实践之史，史成为经牢不可破的坚实地基。有了真实历史支撑的信仰便不再空

---

① 章学诚：《上朱中堂世叔》，仓修良编注《文史通义新编新注》，第 761 页。

② 曹锦清：《百年复兴：中国共产党的时代叙事与历史使命》，《中国道路与中国学派》，中信出版集团，2016，第 269 页。

③ 汪晖：《现代中国思想的兴起》第一部上卷，第 482 页。

洞，而丰富的历史过程本身，经过"随时撰述"，其自身便会不断凝练成新的信仰，经即古史，史即新经。历史成为经典永不枯竭的源头活水。由此，在丰富的实践发展过程中，历史提升为一种历史哲学，历史化为信仰。

延安时期，中国共产党开展了举世瞩目、影响深远的整风运动。其核心问题意识亦是处理中国共产党党内的经史关系，即马克思主义经典理论（经）与中国历史实践（史）之关系。马克思主义是中国共产党人之经，正如毛泽东所言："自从中国人学会了马克思列宁主义以后，中国人在精神上就由被动转入主动。"[1] 尊经是前提，但又不能过分迷信本本，必须懂得贯穿其中的立场、观点与方法，否则就会变成教条主义者，照抄照搬的教条主义不可能取得革命胜利。马克思主义并非"万古不变的教条"，并没有穷尽真理，只要人类历史在向前发展，真理亦会向前发展，马克思主义也必然随之向前发展。社会实践的过程是无穷的，决定人的认识过程也是无穷的，任何人都不可能掌握绝对真理，只能是认识绝对真理过程中的一部分、一环节。"客观现实世界的变化运动永远没有完结，人们在实践中对于真理的认识也就永远没有完结。马克思列宁主义并没有结束真理，而是在实践中不断地开辟认识真理的道路。我们的结论是主观和客观、理论和实践、知和行的具体的历史的统一，反对一切离开具体历史的'左'的或右的错误思想。"[2] 这即是以毛泽东为代表的中国共产党人的真理观。马克思主义并非空言著述，而是不断经过实践检

---

① 《唯心历史观的破产》，《毛泽东选集》第4卷，第1516页。
② 《实践论》，《毛泽东选集》第1卷，第296页。

验的科学真理，特别是传入中国，被先进知识分子接受，逐步与中国革命发生紧密关系，进而彻底中国化之后，一次次被实践证明它是革命的科学的真理。

毫无疑问，作为马克思主义者，作为中国共产党人，"唯物史观是吾党哲学的根据"。① 可以说，毛泽东一生最为重视的就是史观问题。正如有学者所言："共产党成功的一个极为重要的原因就是重新建立了史观，把马克思主义的唯物史观套在中国这个龙的身上。它满足了当时中国知识分子的精神需求，把那么多苦闷、彷徨无告的知识分子都吸引到延安，黄河之滨就集合起一群中华民族优秀的子孙。国共两党之争成败的原因有很多，其中很重要的一个原因是，共产党建立了意识形态的制高点。不是一般意义上的制高点，它是一个新的史观。因为有这个历史观，毛泽东就引领这个民族一步一步往社会主义的方向走，他执政就非常有自信，因为真理在自己手里。"② 经毛泽东本人审定的《毛泽东选集》最后一文《唯心历史观的破产》即把唯物史观在中国语境中之运用与发挥展现得淋漓尽致："马克思列宁主义来到中国之所以发生这样大的作用，是因为中国的社会条件有了这种需要，是因为同中国人民革命的实践发生了联系，是因为被中国人民所掌握了。任何思想，如果不和客观的实际的事物相联系，如果没有客观存在的需要，如果不为人民群众所掌握，即使是最好的东西，即使是马克思列宁主义，也是不起作用的。

---

① 《给蔡和森的信》，《毛泽东文集》第1卷，第4页。
② 曹锦清：《百年复兴：中国共产党的时代叙事与历史使命》，《中国道路与中国学派》，第269页。

我们是反对历史唯心论的历史唯物论者。"① 这段论述可谓马克思主义中国化的思想总纲。其问题意识即外来的马克思主义必须与中国历史、中国文化、中国革命实践深相结合,进而实现本土化,而其关键就是以中国问题之解决为核心。延安整风期间,毛泽东对那种罔顾中国问题、言必称希腊之留声机现象深恶痛绝。"我们研究中国就要拿中国做中心,要坐在中国的身上研究世界的东西。我们有些同志有一个毛病,就是一切以外国为中心,作留声机,机械地生吞活剥地把外国的东西搬到中国来,不研究中国的特点。不研究中国的特点,而去搬外国的东西,就不能解决中国的问题。"② 他认为应该把以中国问题为中心作为党的重大原则确立下来,成为全党遵循的方针。"确立以研究中国革命实际问题为中心,以马克思列宁主义基本原则为指导的方针,废除静止地孤立地研究马克思列宁主义的方法。"③ 马克思主义作为经,已经过中国革命实践之史的检验,通过历史的沉淀,信仰已变得清晰。有了真实历史支撑的信仰就不再空洞,丰富的历史过程本身,经过"随时撰述"后其自身就已凝练成为新的信仰;有了坚定信仰指引的历史就不再迷失方向,科学的信仰本身就是一种历史进程的客观反映。"以事言谓之史,以道言谓之经。"由此,在丰富的实践发展过程中,历史提升为一种历史哲学,事即道,史即经,历史化为信仰。正如钱穆所言:"西方人讲历史哲学乃是一套哲学,只把历史来讲。若说中国人也有历史哲学,应该不是

---

① 《唯心历史观的破产》,《毛泽东选集》第 4 卷,第 1515 页。
② 《如何研究中共党史》,《毛泽东文集》第 2 卷,第 407 页。
③ 《改造我们的学习》,《毛泽东选集》第 3 卷,第 802 页。

一套哲学，而仍是一番历史，只是从历史里透出一套思想来。即如说'究天人之际''明古今之变'，这才真是中国人的历史哲学。"①

毫无疑问，章学诚是一位标准的"威权主义者"，对于圣人君父，章学诚始终心存敬畏，对于学者著述曾提出明确之要求："夫著书大戒有二：是非谬于圣人，忌讳或干君父，此天理所不容也。然人苟粗明大义，稍通文理，何至犯斯大戒。"②他丝毫不容许字里行间出现对圣人君父的非议乖谬之心。与此相配套的理论即章学诚所推崇的独特德位观，特别明显地体现于他对周孔之别的集中论述：周公有德有位故有经纶制作之权，孔子有德无位即无制作之权。在中国共产党人看来，马克思与毛泽东无疑是具有代表性的两位伟人，如套用章学诚周孔之别的德位观，马克思是有德却无位，毛泽东则既有德又有位，那岂非毛泽东有经纶制作之权，而马克思却无制作之权？这是章学诚的经史观逻辑。与此相反，毛泽东十分谦虚地说："我是他们（马克思等——引者注）的一个学生，我只是把马克思列宁主义运用到中国革命实践中去。我没有什么著作，只是些历史事实的记录。"③特别强调："我的那些东西还有用？那些是历史资料了，只能参考参考。"④在已经祛魅的现代社会，真正有影响力的思想家并不一定要是德位相配的圣王（亦如柏拉图的哲学王），要想一个社会思想活跃、学术繁荣，就不能再盲目坚守传统的德位观。

---

① 钱穆：《史记》（下），《中国史学名著》，第104页。
② 章学诚：《上辛楣宫詹书》，仓修良编注《文史通义新编新注》，第658页。
③ 《毛泽东年谱（1949—1976）》第6卷，第181页。
④ 《毛泽东年谱（1949—1976）》第5卷，第472页。

实际上，传统这套德位观，其内在逻辑仍是以权力为本位，凸显的仍是权力之傲慢。其因在于，在传统儒家所主张的德性伦理观看来，普通之生民亦即为天民，都有天生之德性。但在现实社会之中，并非每个人都有机会获得天子之位，尤其是在王朝世袭制度之下更如此。既然如此，那这套德位观只适用于特定人群。不排除设计这套制度观念，蕴含儒家士君子的良苦用心，在深知天子之位经唐虞三代禅让制之后只能世袭的前提下，儒家为保证在上位之人怀有仁心，能施仁政，构建了世袭环境下的德位观念。表面看来，这套德位观极力颂扬在位天子之大德，而实则是通过儒家提供的一套仁心善政来规训天子，使其逐渐接受并带头践行向上向善的德性教化观念。如著名的朱熹格君心之非之说："天下之大本与今日之急务，为陛下言之：大本者，陛下之心。""天下之务莫大于恤民，而恤民之本，在于人君正心术以立纪纲。盖天下之纪纲不能以自立，必人主之心术公平正大，无偏党反侧之私，然后有所系而立。君心不能以自正，必亲贤臣，远小人，讲明义理之归，闭塞私邪之路，然后乃可得而正。"[1] 中国历史发展之进程恰恰说明，正是有德无位之孔子，打破了"以吏为师"的官学传统，开辟了私门著书立说之学术方向，使学术得以振兴，史籍得以向下流入社会。正如章太炎对孔子独有贡献之评价："孔子所以为中国斗杓者，在制历史，布文籍，振学术，平阶级而已。"[2]

就此而言，无论是章学诚所主张的"为典为经，皆是有德有位纲

① 脱脱等：《宋史》列传第一百八十八《道学三·朱熹》，中华书局，1985，第12758、12753 页。
② 《驳建立孔教议》，《章太炎全集》第8卷《太炎文录初编》，第202 页。

纪人伦之所制作"，^①强调古无私人之著述，只有德位兼备之圣人才有制作礼乐刑政、典章制度之权，抑或范文澜从浙东学术前辈章学诚那继承下来，强调《人民日报》就是当代中国的典章政教，当下正处于世界大交通、文明大交流、思想大解放的全球化时代，这样一种复古保守的"权威主义"，无益于中国思想文化的繁荣兴盛。正如陆定一在诠释"双百"方针时所言："我国在两千年前的春秋战国时代，学术方面曾经出现过'百家争鸣'的局面，这成了我国过去历史上学术发展的黄金时代。我国的历史证明，如果没有对独立思考的鼓励，没有自由讨论，那末，学术的发展就会停滞。反过来说，有了对独立思考的鼓励，有了自由讨论，学术就能迅速发展。"^②的确，纵观中国历史数千年，正是孔子打破官学之垄断地位，施行"有教无类"开创私学后，才出现学术思想"百家争鸣"的黄金时代。革命建政于今已 70余载，我们必须总结中国历史上的有益经验，更要汲取历史中的深刻教训，不能抱守经训圣条，惟有随时撰述、与时俱进，坚持"解放思想、实事求是、守正创新"的思想路线，坚持"百花齐放，百家争鸣"的学术方针，才能极大促进作为主体之人的思想创造性，实现思想文化的繁荣兴盛。

---

① 章学诚：《传记》，《文史通义》，第 73 页。
② 陆定一：《百花齐放，百家争鸣——一九五六年五月二十六日在怀仁堂的讲话》，《人民日报》1956 年 6 月 13 日，第 2 版。

图书在版编目(CIP)数据

历史与信仰："六经皆史"与马克思主义中国化 /
张城著. -- 北京：社会科学文献出版社, 2023.9（2024.8重印）
ISBN 978-7-5228-2056-9

Ⅰ.①历… Ⅱ.①张… Ⅲ.①思想史－研究－中国②
马克思主义－发展－研究－中国 Ⅳ.①B2②D61

中国国家版本馆CIP数据核字（2023）第119420号

历史与信仰："六经皆史"与马克思主义中国化

著　　者 / 张　城

出 版 人 / 冀祥德
责任编辑 / 邵璐璐　白纪洋
责任印制 / 王京美

出　　版 / 社会科学文献出版社·历史学分社（010）59367256
　　　　　　地址：北京市北三环中路甲 29 号院华龙大厦　邮编：100029
　　　　　　网址：www.ssap.com.cn
发　　行 / 社会科学文献出版社（010）59367028
印　　装 / 唐山玺诚印务有限公司

规　　格 / 开　本：880mm×1230mm 1/32
　　　　　　印　张：6　字　数：137 千字
版　　次 / 2023 年 9 月第 1 版　2024 年 8 月第 3 次印刷
书　　号 / ISBN 978-7-5228-2056-9
定　　价 / 69.00 元

读者服务电话：4008918866